财政部规划教材
全国高职高专院校财经类教材

新媒体运营

武汉雅博睿斯教育科技有限公司　组编
陈尚金　石　彬　主编

中国财经出版传媒集团
中国财政经济出版社

图书在版编目（CIP）数据

新媒体运营 / 陈尚金，石彬主编．-- 北京：中国财政经济出版社，2022.9

财政部规划教材　全国高职高专院校财经类教材

ISBN 978 -7 -5223 -1658 -1

Ⅰ.①新…　Ⅱ.①陈…　②石…　Ⅲ.①媒体－运营管理－高等职业教育－教材　Ⅳ.①G206.2

中国版本图书馆 CIP 数据核字（2022）第 152694 号

责任编辑：樊　闽　　　　责任印制：张　健

封面设计：卜建辰　　　　责任校对：徐艳丽

新媒体运营

XINMEITI YUNYING

中国财政经济出版社 出版

URL：http：//www.cfeph.cn

E－mail：cfeph@cfeph.cn

社址：北京市海淀区阜成路甲 28 号　邮政编码：100142

营销中心电话：010－88191522

天猫网店：中国财政经济出版社旗舰店

网址：https：//zgczjjcbs.tmall.com

北京密兴印刷有限公司印刷　各地新华书店经销

成品尺寸：185mm×260mm　16 开　10.25 印张　243 000 字

2022 年 9 月第 1 版　2022 年 9 月北京第 1 次印刷

定价：45.00 元

ISBN 978 -7 -5223 -1658 -1

（图书出现印装问题，本社负责调换，电话：010－88190548）

本社质量投诉电话：010－88190744

打击盗版举报热线：010－88191661　QQ：2242791300

前言
Preface

高等职业教育是我国高等教育的重要组成部分，肩负着为我国经济社会建设与发展培养技术技能型人才的重要使命。随着移动互联网的高速发展和智能终端的迅速普及，新媒体进入蓬勃发展的时代，并成为人们日常生活中不可分割的一部分。因此，新媒体运营也成为时下比较热门的工作岗位，但与之相对应的高素质行业人才却处于严重紧缺的状态。

目前，很多高职院校都开设了网络直播与运营、传播与策划、网络营销与直播电商等专业，这些新媒体类专业课程教学迫切需要来自行业企业一线人员参与编写的新媒体运营相关教材。受制于种种原因，新媒体运营相关教材开发和学习资源建设尚不能满足需要，个别教材编印效果不尽如人意。

为了培养契合职业教育人才需求的新媒体运营专业人才，提升读者职业实操实践能力，我们以网络直播与运营、电子商务等专业的读者未来可能从事的各个技能岗位职责任务为出发点，编写了本教材。

本教材为校企合作开发教材。在教材的开发过程中，首先，坚持理实并重、工学结合，通过设计新媒体运营实战训练项目，内化知识、强化理论学习效果；其次，在教学内容上坚持融入职业元素，从职业岗位入手，根据企业岗位的要求，科学编写教材内容，使教材紧密贴合新媒体运营岗位实际工作要求；最后，坚持组建理论研究与专业实践人才混编开发教材，相关高职院校专家教授与行业企业专业实践人员共同参与教材的编写，确保凸显教材的专业性、先进性、实用性，使教材与行业发展同步。通过本教材的学习，读者能够了解并掌握新媒体运营人员的日常工作内容及工作流程，并通过书籍中配套的实操案例来强化相关技能，最终熟练掌握和应用新媒体运营的相关知识，胜任新媒体运营相关工作岗位。

在整个教材开发建设过程中，相关高职院校为我们提供项目以及技术支持，同时，辅助我们完成教材大纲、教材内容的审核与把控，保证了教材编写任务能够保质保量按期完成。

本教材共分为 5 章，主要内容包括认知新媒体运营、新媒体运营常用工具、微信公众平台运营、微信小程序开发以及短视频运营。

本教材具有以下特色：

1. 理论与实操相结合，强化动手实战能力

本教材在讲解新媒体运营理论的同时，穿插了大量的实操案例，通过理论结合实务的方式让读者了解并掌握相关知识点的应用。这种讲解方式不仅能够提升读者的学习兴趣和体验，同时也能强化动手实战能力。

2. 企业真实项目案例，真正做到学以致用

本教材通过引入企业真实案例，让读者在学习的同时能够全面了解和掌握企业的真实业

务。通过对真实案例的拆解和分析，使读者能够了解所学知识在实际业务中的应用。经过不断的实操和强化，最终将所学知识内化为自己的职业技能，从而切实实现学以致用。

3. 书籍知识体系完整，内容紧贴市场需求

本教材以新媒体运营为主线，详细讲解了新媒体运营的主要工作内容及工作流程、新媒体运营常用工具的使用方法、公众号的运营、微信小程序的制作等相关知识。从最初的帐号创建，到后期的流量变现，帮助读者全面了解和提升新媒体运营的相关能力，解决实际运营过程中的痛点和难点。

4. 配套视频学习资源，全面保障学习效果

本教材提供了大量的配套学习资源，包括教学课件、教学大纲、教案、习题等。让读者能够更直观和清晰地了解新媒体运营的相关操作，能够随时随地对重点知识进行强化和学习。

本教材章后均附有“实战演练”，用书学校任课老师若需要答案，请以电子邮件的形式向中国财政经济出版社索取（请注明：学校、书名、版次），Email：caijingjiaocai@163.com。若需要电子课件等其他网络教学资源，请访问 jiaocai.cfeph.cn 下载。

本教材由江苏财会职业学院商学院陈尚金教授、云南财经职业学院工商管理学院石彬副教授担任主编，六盘水职业技术学院商务管理系郭晓寒老师、云南财经职业学院教务处王兆春老师担任副主编。陈尚金教授、石彬副教授共同完成了编写方案的制定和栏目体例设计。教材正文编写方面，陈尚金教授负责第 1 章、第 3 章的编写，石彬副教授负责第 2 章的编写，六盘水职业技术学院商务管理系郭晓寒老师负责第 4 章的编写，云南财经职业学院教务处王兆春老师负责第 5 章的编写。此外，武汉雅博睿斯教育科技有限公司有关工作人员和项目实战指导老师为本教材部分内容的设计和编写提供了十分有价值的意见与建议。最后，本书由陈尚金教授总纂和审定。

本教材在编写过程中借鉴了国内外部分新媒体运营方面的教材以及网上资料，在此表示深深的谢意。尽管我们在编写过程中力求准确、完善，但由于我们的阅历和水平所限，书中难免有疏漏之处，恳请各位专家和广大读者批评指正！

编者

2022 年 7 月 4 日

目　录

第 1 章 认知新媒体运营

项目导航

知识目标：

1. 知悉新媒体运营由来
2. 了解常见新媒体运营形式
3. 熟悉主流新媒体平台

技能目标：

1. 能描述新媒体运营主要工作内容
2. 能掌握新媒体运营相关岗位技能

思政目标：

1. 促进学生正确认识新媒体运营，树立正确的价值观
2. 培养学生具备爱国情感、高度责任感和职业认同感
3. 培养学生踏实认真的工作作风和严谨求实的工作态度

任务导入

小王是刚进入公司的一名实习生，有一天领导找到小王和他说，公司打算通过新媒体媒介对外进行宣传，需要他给出建议，在什么新媒体平台上宣传比较合适。于是，小王在网上进行了搜索，发现新媒体平台种类繁多，有可以发布图文的，有可以发布音频的，也有可以发布视频的，小王不知道该如何进行选择。小王能够顺利完成领导安排的任务吗？从现在开始，让我们共同来认识并了解新媒体运营。

2 新媒体运营

知识储备

1.1 新媒体运营基础知识

新媒体运营是一种现代化的互联网营销手段，具体是指企业法人或个人利用抖音、小红书、公众号、微信、知乎等平台进行产品或服务宣传的运营手段。企业通过在上述新媒体媒介上发布社会公众或用户感兴趣的内容来吸引后者的关注，最终通过售卖商品、承接广告或增值服务等方式实现企业价值最大化。我们为了更好地了解新媒体运营，可以将这个名词拆分成为两个词汇，即“新媒体”和“运营”。

“新媒体”即媒体的一种形态，主要是指利用电脑、手机、数字电视等媒介向社会公众和用户传递商品和服务信息的传播媒介，它是相对于传统媒体而言的一种媒体形式。目前主流的新媒体媒介主要有短视频平台、公众号平台以及问答类平台等。传统媒体主要是指报纸、杂志、广播、电视等，是在新媒体媒介出现前的媒体形式。新媒体相较于传统媒体而言，具有覆盖广、传播快、样式新、受众广泛等特点，由于新媒体媒介的用户体验优于传统媒介，越来越多的社会公众和客户开始通过新媒体媒介浏览和获取信息，这使得各大新媒体平台迅速积累了大量的用户。

俗话说“有人的地方就有市场”，各大新媒体平台已经聚集了大量的用户，如何吸引这些用户的关注并聚焦用户现实和潜在需求，进而在满足用户需求的同时实现企业价值最大化，已成为各大企业关注的焦点。想要达到这一目的，就需要在新媒体平台上开展相对应的运营工作，针对受众不同、类型不同的平台制作特质化、个性化的内容，通过特色内容设计来获取用户的关注，最后通过恰当的方式将流量进行转化，这个业务处理过程就是新媒体运营。

相较于传统的营销方式而言，新媒体运营具有传播快、覆盖广、体验优、成本低、样式新等特点，企业使用这种营销方式开展营销活动，能够有效降低企业营销成本，获取更多更有价值的目标用户。

1.1.1 新媒体运营由来

新媒体运营主要出现在 2012 年，究其原因，是因为当时微博和微信公众号的盛行。2012 年 8 月，腾讯正式推出了微信公众平台，即现在的公众号平台。当时，由于微信公众平台是一个新兴的平台，再加之腾讯公司的大力推广，越来越多的用户开始使用这一新兴的媒介。随着平台用户越来越多，平台的商业价值也慢慢显现出来。这时商业嗅觉灵敏的企业主开始在微信公众平台上注册帐号，安排专业的运营人员负责帐号内容的撰写和帐号的整体运营，这就是早期新媒体运营的雏形。早期的新媒体运营主要是指微博或微信公众平台的运营。

除了受腾讯推出微信公众平台的影响，促使新媒体运营产生的另外一个因素则是用户使用习惯的改变。在传统媒体时代，用户主要是通过广播、电视、杂志、报纸等媒介获取信息。而随着移动互联网技术的发展以及移动通信技术的普及，用户获取信息的途径渐渐地从传统媒介向新兴媒介发生转变，越来越多的用户开始通过手机浏览器、微信公众平台、手机 APP 等获取信息。这些新兴的媒体相较于传统的媒体，具有“覆盖广”“传播快”“样式新”“体验好”“受众广泛”等优势，很快便获得了用户的青睐。企业为了迎合目标群体营销渠道的改变，不得不开始布局新媒体的渠道，从而为新媒体运营的产生提供了契机。

继而，随着时代的发展以及其他新媒体平台的出现，新媒体运营涵盖的范围也越来越广，从最初的公众号运营到现如今的短视频帐号运营。同时，新媒体运营的平台也日渐丰富，除了有能够发布图文信息的平台，还有能够发布音频、视频和进行直播的媒介。新媒体运营人员所需的技能，也从最初的图文编辑发展到如今的视频剪辑、图像处理、视频直播等。

1.1.2　常见的新媒体运营形式

随着不同类型的新媒体平台出现，新媒体运营的形式也随之发生变化。最初的新媒体运营主要是依靠创作图文内容来获取用户的关注，如今除了图文内容外，音频视频等形式的内容也成为新媒体运营的主流方式。下面我们就来盘点一下目前常见的新媒体运营形式。

1. 短视频运营

短视频运营是近几年来比较火热的一种新媒体运营形式，随着 5G 移动通信技术的普及以及用户使用习惯的改变，越来越多的用户开始通过浏览短视频的方式获取信息。近年来，各大短视频平台的用户数量不断增多，平台的商业价值也慢慢凸显出来。各大企业纷纷开始在短视频平台上注册和布局自己的帐号，通过创作和发布目标用户感兴趣的内容来获取用户的关注，最后通过直播、商品橱窗、线下引流等方式进行变现。

知识加油站

第五代移动通信技术（5th Generation Mobile Communication Technology），简称 5G，是具有高速率、低时延和大连接特点的新一代宽带移动通信技术。

短视频运营是目前企业或商户开展营销时必备的一种营销方式，因为其传播范围广、内容样式新颖、用户体验好等原因，深受企业主和用户的喜爱。目前，主流的短视频平台有抖音、快手、小红书等。如果企业打算使用短视频运营的方式进行获客，则需要掌握短视频主题策划、脚本编写、视频拍摄、视频制作和视频发布等相关技能。

2. 公众号运营

公众号运营是企业开展新媒体运营时的一种常规运营手段，该方式主要是通过在公众号内编写和发布目标用户感兴趣的推文来获取用户的关注，然后通过承接广告或引流到其他平台进行变现。

2012 年 8 月 23 日，腾讯正式上线了公众号的前身——微信公众平台，如图 1-1 所示，随后更名为公众号。平台上线初期便引得了大量用户的关注，随着用户数量的不断增多，各大企业开始入驻微信公众平台，并在平台中通过撰写推文的方式进行获客或推广服务。截至 2019 年 8 月 26 日，微信公众平台已经汇聚了超 2 000 万公众号，其中，不少作者通过原创文章和原创视频的方式形成了自己的品牌。

公众号主要分为订阅号和服务号，不同类型的帐号对应权限和展现方式会有所不同，企业在进行营销时可以根据实际需求进行选择。若企业使用公众号运营的方式进行获客，则需要掌握文章主题策划、文章素材收集、文章撰写与排版等相关技能。

图 1－1　微信公众平台

3. 百家号运营

百家号是百度为创作者打造的内容创作平台，创作者可以在百家号中发布图文、视频等内容，所发布的内容会被百度推送到百度搜索、百度知道、百度百科、好看视频等平台，从而获得数以亿计的曝光，百家号首页界面如图 1－2 所示。百家号运营则是通过在百家号中创作和发布目标用户感兴趣的内容，来获得用户的关注，最后通过内容电商、用户付费、广告或引流到其他平台进行变现。

图 1－2　百家号首页界面

百家号共分为个人、企业、媒体、政府和其他 5 种帐号类型，不同类型的帐号适用的主体和对应的功能权益有所不同。例如，若帐号主体为个人，则在发布的内容中不能包含营销的信息，不然容易被系统降权；而如果帐号主体为企业并且进行了蓝 V 认证，则可以在发布内容时适当地包含品牌信息或需要推广的内容，并且在简介中还可以包含公司的网址。因此，企业类型的帐号更利于企业自身的推广与宣传。若企业使用百家号运营的方式进行获客，则需要掌握内容主题策划、内容编辑、视频剪辑、SEO 搜索引擎优化等技能。

知识加油站

SEO（Search Engine Optimization）：汉译为搜索引擎优化，是一种利用搜索引擎的规则提高网站在有关搜索引擎内自然排名的方式。

4. 知乎运营

知乎是一个高质量的互动问答社区和创作者聚集的原创内容平台，用户可以在知乎上提出问题寻求帮助，也可以发表视频或文章来表达自己的想法或感受。知乎运营则是在知乎上，通过发布目标用户感兴趣的内容或回答目标用户提出的问题，来解决目标用户的需求从而吸引用户的关注，最后通过好物推荐、知乎 Live、赞赏、付费咨询等方式进行变现。

俗话说“有问题的地方就有需求”，而知乎正好是一个在线问答平台，其中包含了大量的用户提问，而每一个问题的背后都对应着用户的需求，作为运营人员，需要做的就是从这些问题中找出包含目标用户需求的问题，然后有针对性地撰写答案并进行回答，通过问答对目标用户进行引流或转化。在知乎平台上回答的内容，除了能够被平台内的用户看到，还有可能在搜索引擎中被其他用户搜索到，如图 1－3 所示。因此在回答问题时，尽量寻找问题中包含用户可能会搜索的关键词的问题进行回答，这样能够有效增加问题和答案的曝光。若企业使用知乎运营的方式进行获客，则需要掌握问题需求分析、问题答案撰写、文章撰写、视频制作、SEO 搜索引擎优化等相关技能。

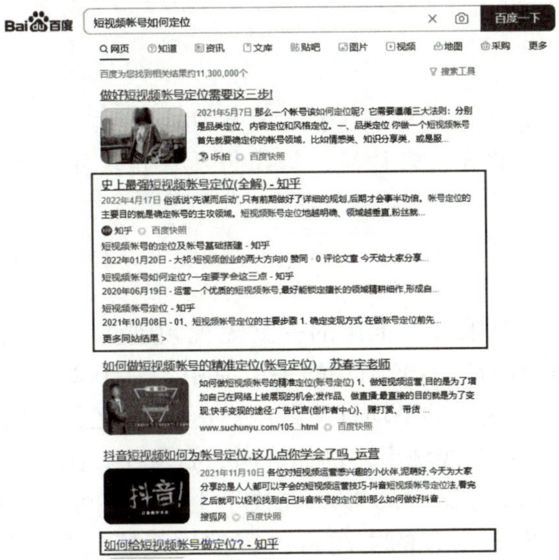
Bai百度
短视频帐号如何定位
百度一下
网页 知道 资讯 文库 贴吧 图片 视频 地图 采购 更多
百度为您找到相关结果约11,300,000个
搜索工具
做好短视频帐号定位需要这三步!
2021年5月7日 那么一个帐号该如何定位呢? 它需要遵循三大法则：分别是品类定位、内容定位和风格定位。一、品类定位 你做一个短视频帐号首先就要确定你的帐号领域，比如情感类、知识分享类，或是服...
乐拍 百度快照
史上最强短视频帐号定位(全解) - 知乎
2022年4月17日 俗话说“先谋而后动”,只有前期做好了详细的规划,后期才会事半功倍。帐号定位的主要目的就是确定帐号的主攻领域。短视频账号定位地越明确、领域越垂直,粉丝就...
知乎 百度快照
短视频帐号的定位及帐号基础搭建 - 知乎
2022年01月20日 - 大神:短视频创业的两大方向!0 赞同 · 0 评论文章 今天给大家分享...
短视频帐号如何定位?一定要学会这三点 - 知乎
2020年06月19日 - 运营一个优质的短视频帐号,最好能锁定擅长的领域精耕细作,形成自...
短视频帐号定位 - 知乎
2021年10月08日 - 01、短视频帐号定位的主要步骤 1. 确定变现方式 在做帐号定位前先...
更多同站结果 >
如何做短视频帐号的精准定位(帐号定位)_苏春宇老师
如何做短视频帐号的精准定位(帐号定位) 1、做短视频运营,目的是为了增加自己在网络上被展现的机会;发作品、做直播,最直接的目的就是为了变现;快手变现的途径:广告代言(创作者中心)、赚打赏、带货 ...
www.suchunyu.com/105...html 百度快照
抖音短视频如何为帐号定位,这几点你学会了吗_运营
2021年11月10日 各位对短视频运营感兴趣的小伙伴,泥萌好,今天为大家分享的是人人都可以学会的短视频运营技巧-抖音短视频帐号定位法,看完之后就可以轻松找到自己抖音帐号的定位啦!那么如何做好抖音...
抖音!
搜狐网 百度快照
如何给短视频帐号做定位? - 知乎

图 1－3　关键词搜索结果界面

1.2 主流新媒体平台介绍

说起新媒体平台，大多数人想到的可能会是微博、公众号等平台。其实，现在的新媒体平台远远不止这些，按照平台或内容属性来划分，可以将新媒体平台分为短视频平台、视频平台、图文平台、问答平台、音频平台和社交平台。不同平台由于其内容属性不同，对应的用户属性也有所不同。例如，短视频平台对应的大多数是年轻用户，而图文类型的平台则会包含消费能力更强的中年用户等。作为新媒体运营人员，需要清楚了解主流新媒体平台的规则及用户属性，这样才能在开展新媒体运营时选择适合的平台，从而保证新媒体运营的效果。

1.2.1 短视频平台

短视频作为当下最火热的新媒体营销方式之一，是伴随着5G移动通信技术普及和移动互联网技术发展而来的。根据中国互联网络信息中心发布的第49次《中国互联网络发展状况统计报告》，截至2021年12月，我国短视频用户规模达9.34亿。从报告中不难看出，短视频平台已积累和沉淀了大量的用户，企业如果想要通过新媒体渠道进行获客，短视频渠道无疑是最好的选择。目前，国内主流的短视频平台主要有抖音、快手、小红书和微视等，下面分别进行介绍。

1. 抖音

抖音是由北京字节跳动科技有限公司孵化的一款音乐创意短视频社交软件，该软件于2016年9月20日正式上线，用户通过该软件能够创作和发布自己制作的短视频。截至2021年9月，抖音系DAU增长至约6.4亿，其中抖音约5亿，抖音极速版约1.4亿。根据某第三方数据统计机构出具的数据报告，在约6.4亿的日活跃用户中，大多数用户主要集中在一线城市，其中男女比例接近1∶1，年龄段主要集中在25～35岁。目前抖音支持发布视频和图文类型的内容，系统会通过去中心化的算法将创作者发布的内容推送至感兴趣的用户面前，使内容获得曝光。

知识加油站

1. Daily Active User，日活跃用户数量，简称DAU。

2. 去中心化计算，又称分散式计算，是指将硬件和软件资源分配到每个单独的工作站或办公地点。

2. 快手

快手是由北京快手科技有限公司推出的一款短视频创作APP，该APP前身为“GIF快手”，最初是一款用来制作和分享GIF图片的手机应用，后于2012年11月转型为短视频社区。截至2021年第四季度，快手的平均日活跃用户达3.23亿，平均月活跃用户达5.78亿。其中，大多数用户主要集中在二线城市，例如济南、石家庄、昆明等。快手用户的男女比例接近1∶1，其中，主要年龄段为25～35岁。在快手上，用户可以发布自己创作的视频或图片内容，系统会根据用户发布内容的主题将内容推送至感兴趣的用户面前，使内容获得曝光。

知识加油站

GIF 的全称是 Graphics Interchange Format，可译为图形交换格式，用于以超文本标志语言方式显示索引彩色图像，是一种公用的图像文件格式标准。

3. 小红书

小红书是由行吟信息科技（上海）有限公司推出的生活方式平台和消费决策入口。该平台于 2013 年 6 月在上海成立，用户可以在该平台中通过发布短视频或图文的方式，来分享自己的生活方式或经验心得。目前，平台内容覆盖包括时尚、个护、彩妆、美食、旅行等领域，每天有超过 100 亿次的笔记曝光，其中 95% 的内容是通过 UGC 的方式产生。小红书最新数据显示，平台日活跃用户已超过 1 亿，其中大多数为 90 后，18 ~ 34 岁的用户占比为 83.31%，男女用户性别占比分别为 90.41% 和 9.59%，大多数用户为都市白领和职场精英，具有较强的消费能力。

知识加油站

UGC 全称为 User Generated Content，也就是用户生成内容，即用户原创内容。

4. 微视

微视是由腾讯公司推出的短视频创作平台和分享社区。用户可以在该平台上创作和发布自己制作的短视频，也可以将自己喜欢和感兴趣的内容通过微信或 QQ 等软件分享给好友或发布到社交平台上。截至 2021 年 12 月，微视的月活跃用户数为 3 101 万，其中女性用户略多于男性用户，年龄段主要为 25 ~ 35 岁。

1.2.2　视频平台

视频平台也是常见的新媒体营销渠道，用户在进行娱乐消遣或获取资讯时，除了会去短视频平台进行浏览外，也会到视频平台查找或观看所需内容。目前，主流的视频平台非常多，有依靠动漫内容起家的哔哩哔哩，也有依靠人工智能算法为用户推荐内容的西瓜视频。中国互联网络信息中心发布的第 49 次《中国互联网络发展状况统计报告》显示，截至 2021 年 12 月，我国网络视频（含短视频）用户规模达 9.75 亿。由此可见，视频平台已聚集了大量的用户。作为新媒体运营人员，在通过视频平台进行营销时，需要根据各平台不同的属性来选择适合的视频平台，从而保证新媒体运营的效果。下面分别对主流的视频平台进行介绍。

知识加油站

人工智能算法也被称之为软计算，它是人们受自然界规律的启迪，根据其原理模拟求解问题的算法。

1. 哔哩哔哩

哔哩哔哩是中国年轻世代高度聚集的文化社区和视频平台，其首页界面如图 1－4 所示，该网站于 2009 年 6 月 26 日创建，早期是一个动漫和游戏内容创作与分享的视频网站，经过十多年的发展，目前已成为围绕用户、创作者和内容的优质多元文化社区，其网站内容已涵盖 7 000 多个兴趣圈层。截至 2021 年 9 月 30 日，网站的月活跃用户数为 2.67 亿。

图 1－4 哔哩哔哩首页界面

哔哩哔哩拥有动画、番剧、音乐、游戏等 15 个内容分区，其中，生活、娱乐、游戏、动漫和科技分区是网站的主要内容品类，网站针对这些板块开设有直播、游戏中心、周边等业务板块。在内容构成上，网站大多数内容由专业用户自制内容组成，即 UP 主的原创视频。如果想要在哔哩哔哩上发布视频进行推广和获客，可以在网页端点击“创作中心”，然后点击“投稿”按钮，上传自己制作的视频或音频文件即可。

2. 腾讯视频

腾讯视频是由腾讯公司推出的在线视频平台，其首页界面如图 1－5 所示，该网站于 2011 年 4 月上线，网站内容主要涵盖热播影视、综艺娱乐、体育赛事、新闻资讯等板块，用户可以通过网页、APP 或小程序的方式浏览视频内容。截至 2021 年 9 月，腾讯视频的月活跃用户数为 4.59 亿，其中，女性用户略多于男性用户，整体用户呈年轻化趋势，这些用户对于新鲜的事物有着强烈的好奇心和较高的追求，具有较高的消费水平。如果想要在腾讯视频上发布视频进行推广和获客，可以在网页或腾讯视频 APP 上点击“创作中心”进入腾讯视频创作平台，然后点击“发布”按钮上传和发布自己制作的视频即可。

图 1－5　腾讯视频首页界面

知识加油站

小程序是一种不需要下载安装即可使用的应用，它实现了应用“触手可及”的梦想，用户“扫一扫”或者搜一下即可打开应用。

3. 爱奇艺

爱奇艺的前身是由龚宇于 2010 年 4 月创立的在线视频网站，后于 2011 年 11 月 26 日启动“爱奇艺”品牌并推出全新标志，其首页界面如图 1－6 所示。2013 年 5 月 7 日，百度收购 PPS 视频业务并与爱奇艺进行合并，该网站现为百度公司旗下平台。

图 1－6　爱奇艺首页界面

爱奇艺作为老牌的在线视频网站，成立至今已有十余年。通过提供优质丰富的视频内容，以及不断创新与调整，斩获了大量的用户。截至 2021 年 9 月 30 日，爱奇艺的订阅会员总规模达到 1.036 亿，其中，男性用户占比略高于女性用户，整体用户呈现年轻化的趋势，35 岁以下用户占比超过 80%。如果想要在爱奇艺上发布视频进行推广和获客，可以在网页端点击“发布作品”，然后在打开的页面中上传视频即可。

4. 西瓜视频

西瓜视频是北京字节跳动科技有限公司旗下的中视频平台，其首页界面如图 1－7 所示，该网站前身为头条视频，于 2017 年 6 月 8 日正式升级为西瓜视频。西瓜视频通过人工智能算法帮助每位用户发现自己喜欢的视频，并且帮助创作者们轻松地向全世界分享自己的视频作品。据最新数据显示，西瓜视频目前日活跃用户数超 1 000 万，总用户数达 1 亿，整体用户呈年轻化趋势，其中 18～30 岁用户占比高达 80%。这些用户平均每天每位用户使用西瓜视频 67 分钟，平均个性化观看视频内容 29 个。如果想要在西瓜视频上发布视频进行推广和获客，可以在网页端点击“创作平台”或“发视频”按钮，在打开的“西瓜创作平台”页面上传自己制作的视频内容即可。如果在视频创作或帐号运营的过程中遇到问题，还可以到“西瓜创作研究中心”中寻求帮助，在西瓜创作研究中心中涵盖了帐号运营、选题策划、拍摄技巧等专业的内容。

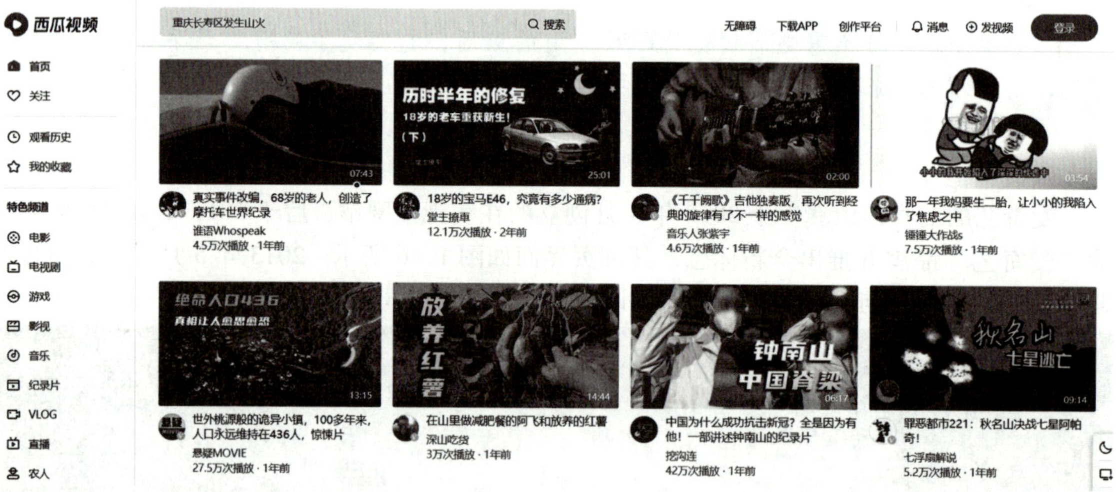

图 1－7 西瓜视频首页界面

5. 搜狐视频

搜狐视频是北京搜狐互联网信息服务有限公司旗下的在线视频网站，其首页界面如图 1－8 所示，该网站成立于 2004 年底，主要提供电视剧、电影、综艺、动漫等视频内容。作为中国领先的门户网站，搜狐视频依靠其提供的优质视频内容以及免费的视频分享服务，积累了大量的用户。第三方数据报告显示，截至 2021 年 12 月，搜狐视频的月活跃人数为 2.5 亿。如果想要在搜狐视频上发布视频进行推广和获客，可以在网页端点击“上传视频”，在打开的页面中选择自己制作的视频并上传即可。

图 1－8　搜狐视频首页界面

6. 优酷

优酷网是由古永锵于 2006 年 6 月 21 日创立的视频平台，其首页界面如图 1－9 所示，经过公测后于 2006 年 12 月 21 日正式上线。网站内容涵盖综艺、动漫、纪录片、电影、电视剧等板块，内容主要通过版权、合制、自制、UGC、PGC 和直播的方式进行创作，用户可以通过 PC、电视和移动三大终端观看网站中的视频内容。

图 1－9　优酷网首页界面

知识加油站

PGC 全称：Professional Generated Content，指专业生产内容，用来泛指内容个性化、视角多元化、传播民主化、社会关系虚拟化。

2012 年 3 月 12 日，优酷公司和土豆公司宣布以 100% 换股的方式进行合并，合并后的公司名称为“优酷土豆股份有限公司”。2016 年 4 月 6 日，优酷土豆完成私有化，正式成为阿里巴巴集团全资的子公司。根据第三方数据统计报告，优酷月活跃用户数已超过4.2亿。如果想要在优酷网上发布视频进行推广和获客，可以在网页端点击“上传视频”，在打开的页面中选择自己制作的视频并上传即可。

1.2.3 图文平台

现如今用户获取信息的方式多种多样，有些用户喜欢通过视频的方式获取信息，而有的用户则更喜欢通过图文的方式进行获取。因此，图文平台也是开展新媒体营销时常用的一种媒介。目前，主流的图文平台主要有公众号、百家号、今日头条等，下面分别对主流的图文平台进行介绍。

1. 公众号

公众号是由腾讯公司于2012年8月推出的图文信息发布平台，其登录界面如图1－10所示，帐号主要分为“服务号”“订阅号”“小程序”和“企业微信”四种类型，不同类型的帐号其功能和展现的位置有所不同。“服务号”主要是为用户提供相应的服务内容，以某一银行的服务号为例，可以为用户提供余额查询、明细查询等服务。“订阅号”主要为用户提供相关的资讯，以某旅游攻略的订阅号为例，可以为用户提供游玩攻略、乘车线路等资讯。“小程序”类似于手机中免安装的应用程序，以某购物类小程序为例，可以为用户提供商品购买、订单查询等功能。“企业微信”则是为企业提供专业办公管理的工具，企业可以使用“企业微信”来管理公司内部的考勤、请假审批流程等。

图1－10 微信公众平台登录界面

如果想要通过公众号的方式开展新媒体营销，可以选择服务号或订阅号。有提供相应服务能力的企业，可以选择服务号。不具备提供服务的能力，但是有相应资讯与用户分享的企业，可以选择订阅号。公众号中的内容除了能够在微信内部被用户看到，还有可能通过搜狗搜索引擎被用户搜索到，如图 1－11 所示。因此，在编写公众号内容时，文章的标题尽量包含用户可能会搜索的关键词，这样能够有效提高文章被搜索的概率。

搜狗微信
养老金改革，关乎每个人的未来
这支疫苗，何时开打?
蓝翔校长女儿举报母亲非法转移房产，亲属回应

图 1－11　公众号结果在搜索结果中展现

2. 百家号

百家号是由百度公司为创作者打造的集创作、发布和变现于一体的内容创作平台，其登录界面如图 1－12 所示。创作者可以通过百家号发布图文或视频形式的内容，发布的内容会通过百度信息流、百度搜索等渠道分发到亿万用户面前。

百家号
每天都有新发现

图 1－12　百度百家号登录界面

百家号是百度重点扶持的帐号，以关键词“可乐鸡翅怎么做”为例，搜索出来的结果中有三个都是百家号的结果，如图 1－13 所示。由此可见，百家号在百度搜索中具有非常高的权重。所以，如果想要自己的百家号获得更多的曝光和展现，可以在文章的标题中包含用户搜索的关键词，这样当用户在百度搜索中输入和文章标题一致或相关的关键词时，相应的文章就有可能被搜索到，从而获得曝光或展现。

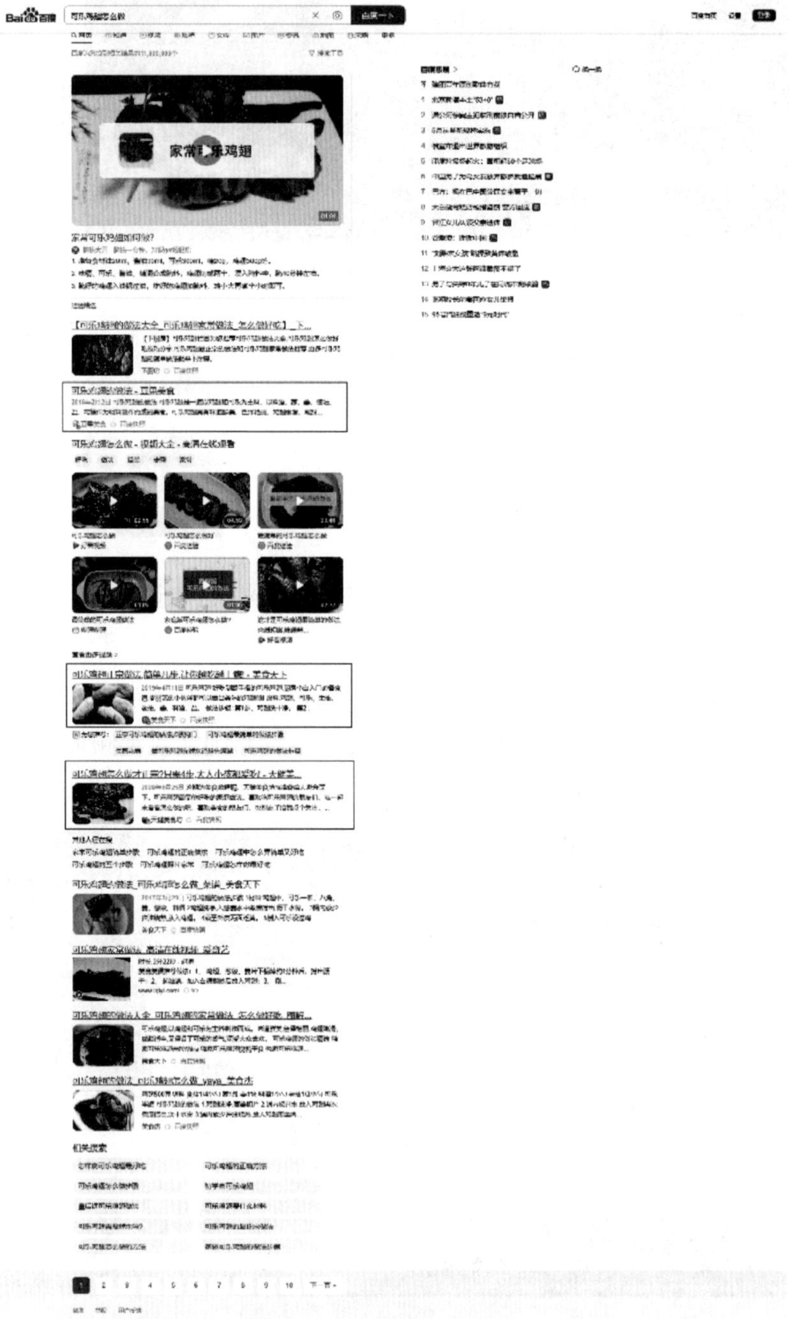

图 1－13　百家号搜索结果界面

3. 今日头条

今日头条是由北京字节跳动科技有限公司开发的一款信息类推荐引擎产品，其首页界面如图 1 - 14 所示。系统会基于对用户数据的挖掘，例如用户的性别、年龄、地域、喜好等，来给用户智能推送感兴趣的内容。

图 1 - 14 今日头条首页界面

创作者如果想要在今日头条上发布内容，首先需要注册头条号。头条号是今日头条旗下的自媒体创作平台，创作者可以在头条号中发布文章、视频、音频等内容，发布的内容会展现在今日头条网页端和手机端。如果想要自己创作出的内容获得更高的展现量，除了提高内容创作的频率和质量外，还可以在内容的标题中包含用户搜索的关键词，这样当用户在搜索框中输入和标题一致或相关的关键词时，相应的内容就有可能获得展现。

4. 大鱼号

大鱼号是阿里大文娱旗下的内容创作平台，其登录界面如图 1 - 15 所示，创作者可以通过大鱼号发布图文、视频等内容，发布的内容会展现到 UC 浏览器、土豆视频、优酷视频等平台，同时，创作者还能够通过创作内容来获取收益。平台为创作者提供了多种奖励机制，包括大鱼奖金、广告分成和大鱼独家激励三部分。同时，平台还对图文原创作者开放申请原创保护功能的权限，开通原创保护的创作者可以享有赞赏、全网维权等权益。当运营帐号或内容创作遇到瓶颈时，可以到大鱼学院中需求解决方案。大鱼学院是官方为创作者提供的在线学习平台，创作者可以在该平台中了解并掌握创作技巧、工具使用、品牌打造等知识。

图 1 - 15 大鱼号登录界面

1.2.4 问答平台

目前国内主流的问答有百度知道、360 问答和知乎等。在这些问答平台中，每天都会出现非常多的用户提问，而这些问题的背后其实都包含着用户的需求。作为新媒体运营人员，要能够从问题中分析出用户的需求，然后通过答案解决用户的需求并引导用户进行转化。问答平台和其他新媒体平台的区别在于，其他平台都是创作者发布内容，然后被动地等着用户进行浏览，需求是从创作者一方发出。问答平台则是用户主动提出问题，创作者围绕用户的问题进行回答，需求是从用户一方发出。因此，在问答平台上开展新媒体营销，只要创作者回答的内容能够解决用户的需求，转化效果要优于其他类型的新媒体平台。

1. 百度知道

百度知道是百度公司推出的在线问答平台，如图 1－16 所示，用户可以在该平台上进行提问，其他用户看到问题后能够对该问题进行回答，同时问题的答案又会被进一步作为搜索结果，展现到其他有类似疑问的用户面前，从而达到知识分享的效果。问题的答案除了能够在百度知道平台内被用户查看，还能在百度搜索结果中进行展现，如图 1－17 所示。当用户在搜索框中输入问题标题中包含的关键词时，相对应的问题就有可能展现。因此，利用百度知道平台开展新媒体营销时，除了回答的内容需要能够解决用户的需求外，问题的标题中也要尽量包含用户搜索的关键词，这样能够有效提高答案的曝光量。

大家热议
精彩推荐

图 1－16　百度知道

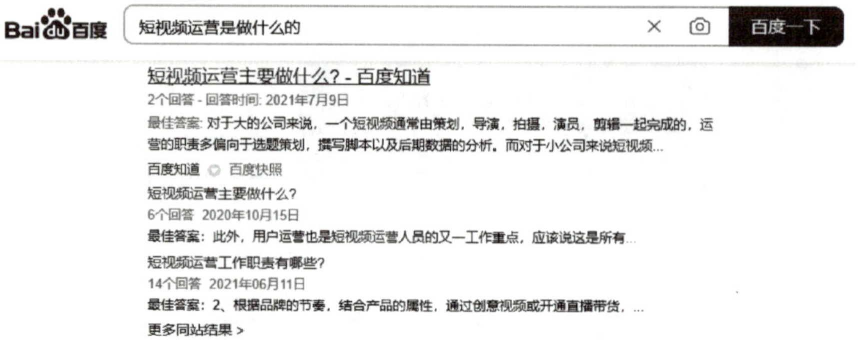
Bai百度
短视频运营是做什么的
百度一下
短视频运营主要做什么？- 百度知道
2个回答 - 回答时间: 2021年7月9日
最佳答案: 对于大的公司来说，一个短视频通常由策划，导演，拍摄，演员，剪辑一起完成的，运营的职责多偏向于选题策划，撰写脚本以及后期数据的分析。而对于小公司来说短视频...
百度知道 百度快照
短视频运营主要做什么？
6个回答 2020年10月15日
最佳答案：此外，用户运营也是短视频运营人员的又一工作重点，应该说这是所有...
短视频运营工作职责有哪些？
14个回答 2021年06月11日
最佳答案：2、根据品牌的节奏，结合产品的属性，通过创意视频或开通直播带货，...
更多同站结果 >

图 1－17　百度知道结果在搜索结果中展现

2. 360 问答

360 问答是 360 旗下的在线问答平台，360 问答首页界面如图 1－18 所示，用户可以在该平台上有针对性地提出问题，然后通过设置奖励的形式来发动其他用户帮助解决问题。同时，这些问题的答案又会被进一步作为搜索结果，展现到其他有类似疑问的用户面前，从而达到知识分享的效果。问题的答案除了能够在 360 问答平台内被用户查看，还能够在 360 搜索结果中进行展现。因此，在回答问题时，除了答案要能够解决用户的需求外，问题的标题中也要尽量包含用户搜索的关键词，这样当用户在 360 搜索引擎中搜索时，问题的答案也有可能展现，从而有效提高答案的曝光量。

图 1－18　360 问答首页界面

3. 知乎

知乎是一个高质量的问答社区，其首页界面如图 1－19 所示，该平台于 2011 年 1 月正式上线，凭借认真、专业、友善的社区氛围，独特的产品机制以及结构化的优质内容，聚集了互联网科技、商业、影视、文化等领域的创作者。用户可以在该平台上提出问题寻求帮助，截至 2020 年 12 月，平台总问题数已超过 4 400 万条，总回答数已超过 2.4 亿条。除了普通的问答板块，平台还推出了“付费咨询”服务，在付费内容领域，知乎月活跃付费用户已超过 250 万。用户在知乎上对于问题的回答，除了能够被平台内的用户看到，也有可能在各大搜索引擎中被其他用户搜到。因此，在回答用户提出的问题时，除了答案能够解决用户的需求外，问题标题中也要尽量包含用户搜索的关键词，这样能够有效提升答案的曝光量。

除了上述新媒体平台外，还有其他类型的新媒体平台，例如，专注于音频领域的喜马拉雅、企鹅 FM 等，专注于社交领域的微博、百度贴吧等。新媒体平台种类繁多，涉及范围广泛，不同类型的平台对应的目标用户不同。因此，企业在开展新媒体营销前要充分了解不同平台的属性以及对应的目标用户群体，然后结合自身的营销需求选择适合的新媒体平台，这样才能保证最终的新媒体营销效果。

图 1－19　知乎首页界面

1.3　新媒体运营主要工作内容

企业开展新媒体营销的目的主要是通过新媒体渠道对企业的产品或服务进行宣传，新媒体运营人员则需要围绕企业新媒体营销的目的来开展相关运营工作，例如帐号内容的创作、主题活动策划、粉丝互动、帐号数据统计及分析等。不同的公司对应的工作内容有所不同，有的公司是一个运营人员负责所有的工作内容，有的公司则是一个团队共同来完成。下面对新媒体运营岗位的主要工作内容进行介绍。

1. 帐号运营

企业开展新媒体营销的第一步就是注册帐号，这一步看似很简单，实则不然。在注册帐号前需要对帐号进行定位，帐号定位其实是瞄准目标受众的过程，通过市场分析、竞品分析、自我分析等来确定帐号的名称、头像、内容的形式、创作的风格、更新的频率等，从而使帐号的形象以及创作出来的内容更符合目标受众的需求。

2. 内容创作

帐号定位完成后，接下来就是围绕帐号的定位来创作相应的内容。内容创作是一个长期且持续的过程，新媒体运营人员在创作帐号内容时，需要围绕目标受众的需求来创作，切忌根据自己的喜好来制作内容。在创作内容前首先需要确定内容的主题，内容的主题可以是用户的痛点或与帐号主题相关的热点，然后围绕主题收集相关素材，包括文字素材、图片素材、视频素材等。素材收集完毕后，就需要对素材进行加工，例如用自己的表达方式将收集到的文字素材重新进行编写和表达，处理配图中的水印或修改配图的大小，对视频素材进行剪辑或添加字幕等。最后是对创作出的内容进行预览，现在用户一般是通过手机查看内容，因此建议在手机上查看内容最终呈现的效果。

3. 活动策划

运营新媒体帐号需要定期策划并开展相应的活动，通过活动来提高用户的活跃度。策划活动时需要确定活动的主题、活动的形式以及活动的目的，活动的主题可以是节日活动，例如端午节活动、中秋节活动等，也可以是促销活动，例如新品促销、打折促销等。活动形式可以是游戏的形式，例如幸运大抽奖、切水果等，也可以让用户以投稿的形式参与。活动的目的可以是获取新用户、促活老用户、商品销售等，不同的目的对应不同的活动主题和活动形式。

4. 粉丝互动

粉丝互动主要是指回复粉丝的消息以及给粉丝送福利等，具体包括及时回复粉丝的评论、私信、留言，给老用户发放专属优惠券等。粉丝互动能够有效提升帐号粉丝的忠诚度和活跃度，因此在运营新媒体帐号时，需要针对不同的粉丝群体以及运营目的，来策划和设计粉丝互动的方式，这样才能提高粉丝的归属感，成为帐号的忠实粉丝。

5. 视频直播

运营新媒体帐号时，除了通过创作内容和用户进行交流外，还可以通过直播的方式与用户进行互动。直播形式相较于图文或视频内容来说，具备更好的互动性与用户体验。企业可以利用视频直播分享经验心得、回答用户关注的问题或售卖相关的产品等。

6. 数据分析

数据分析是新媒体运营人员的眼睛，在帐号运营的过程中，想要了解帐号运营的情况就要定期对帐号的数据进行统计和分析。在实际运营过程中，需要统计内容阅读量、转发量、粉丝数量、新增粉丝数量等数据指标，通过各指标的结果来发现帐号运营过程中存在的问题或出彩的亮点，然后根据数据分析得出的结论在后期帐号的运营过程中调整运营策略，保证新媒体运营的最终效果。

1.4　新媒体运营必备的职业技能

新媒体运营岗是一个对综合能力要求较高的岗位，作为新媒体运营从业人员，既要能完成图文内容的编写，又要能对视频内容进行剪辑，还要能够策划帐号活动和对帐号数据进行统计和分析。因此作为一名优秀的新媒体运营人员，需要掌握多项技能才能顺利完成新媒体运营工作。

新媒体运营人员需要掌握的职业技能主要包括帐号定位、文案编写、图像处理、视频剪辑、活动策划和数据分析几部分，下面对新媒体运营相关职业技能进行介绍。

1. 帐号定位

帐号定位是指在创建新媒体帐号之前，对帐号的目标受众、竞争对手等情况进行分析，通过分析描绘出目标受众的画像，总结出竞争对手帐号的整体情况等，从而确定自身帐号的运营思路及策略。

在实际进行帐号定位时，新媒体运营人员需要解决三个问题，即“我是谁”“我能提供什么”和“我与别人有什么不同”。“我是谁”主要是指通过目标受众分析和竞争对手分析，来确定自身帐号的名称、头像、描述等信息，从而给用户一个具体的形象。“我能提供什么”主要是指通过分析目标受众的需求，找出其中的痛点，然后围绕痛点该如何创作内容。“我与别人有什么不同”主要是指通过分析竞争对手帐号的整体情况，找出自身与竞争对手的区别，这个区别可以是创作思路上的，内容风格上的，也可以是服化道上的，从而给用户一个关注的理由。

2. 文案编写

文案编写是作为一名新媒体运营人员的基本功，在新媒体运营中，文案主要是指标题、正文内容、营销创意、产品卖点等。编写文案的目的是突出内容的亮点或产品的卖点，从而吸引用户的关注。因此，新媒体运营人员在编写文案时要分析目标受众的痛点，文案的内容要围绕用户的痛点进行编写，并且使用恰当的句式或形式进行表现，这样才能有效吸引目标受众的目光。

作为新媒体运营人员，平时要多留意和阅读优秀的文案，分析文案编写和创作的思路，不断总结优秀的表达方式和常用词汇，这样才能不断提升自己的文案编写能力。

知识加油站

1. 目标受众又称目标顾客、目标群体和目标客群，是一个营销活动所作为目标的人口群体。
2. 痛点指市场不能充分满足的、而客户迫切需要满足的需求。

3. 图像处理

在实际工作中，新媒体运营人员经常会遇到图像处理的问题，例如，修改图像的尺寸或大小、去除图像中的水印、制作文章封面或活动海报等。有的公司会有专门的美工配合完成上述工作内容，而有的公司则需要新媒体运营人员独自完成。因此，作为新媒体运营人员，需要能够使用 Photoshop 或第三方图像处理工具对图像进行处理。

知识加油站

Photoshop，简称“PS”，是由 Adobe Systems 开发和发行的图像处理软件。Photoshop 主要处理以像素所构成的数字图像。用户使用其众多的编修与绘图工具，可以有效地进行图片编辑和创造工作。

4. 视频剪辑

如今是一个视频爆发的年代，相较于传统的图文内容来说，用户更喜欢浏览视频内容。因此作为新媒体运营人员，需要顺应时代的潮流和用户使用习惯的变化，具备视频剪辑和制作的能力。

以剪辑一条短视频内容为例，需要完成的工作内容主要包括调整视频内容的时长，为视频添加字幕，在视频片段间添加转场，为视频内容添加背景音乐或音效等。

5. 活动策划

活动策划是新媒体运营人员必备的技能，作为新媒体运营人员，要熟知活动策划的流程及标准，同时，要能够根据不同的活动目的，撰写相应的活动方案。一场新媒体活动要想获得较好的效果，创意和形式是关键。因此，在平日的工作过程中，需要不断积累优秀的创意和新颖的形式，这样才能在实际运营时策划出优秀的活动方案。

6. 数据分析

作为新媒体运营人员，要能够通过分析帐号运营的相关数据指标，来判断帐号运营的效果。数据分析是新媒体运营人员的一项日常工作，分析的目的在于找出帐号运营过程中存在的问题，或什么样的内容或文案更受用户的欢迎。

在帐号的实际运营过程中会产生各种各样的数据，作为新媒体运营人员，需要能够读懂各项数据指标所表达的意思，并且熟知各指标间的计算公式，同时掌握常用的数据分析方法，这样才能在实际的运营过程中，了解不同平台帐号运营的情况，从而制定合适的运营策略。

知识加油站

数据分析是指用适当的统计分析方法对收集来的大量数据进行分析，将它们加以汇总和理解并消化，以求最大化地开发数据的功能，发挥数据的作用。数据分析是为了提取有用信息和形成结论而对数据加以详细研究和概括总结的过程。

7. H5 制作

在新媒体运营的工作内容中，有时会需要制作能够在朋友圈或手机上浏览的电子邀请函、在线调查问卷等，如图 1－20 所示，这些效果往往是通过 H5 制作而成。作为新媒体运营人员，需要熟知常用的 H5 制作平台，并且能够独立完成 H5 的制作。

图 1－20　H5 邀请函

知识加油站

常见的H5平台有易企秀、玛卡、凡科等。

以上是新媒体运营岗位需要具备的核心能力。除此之外，作为新媒体运营人员还需要具备良好的沟通能力、表达能力、抗压能力等。

实战演练

一、单项选择题

1. 下列各项中，属于新媒体的是（　　）。

A. 抖音　　B. 电视　　C. 广播　　D. 报纸

2. 下列关于新媒体运营，说法正确的是（　　）。

A. 新媒体运营是指利用电视等媒介对外进行宣传和推广

B. 新媒体运营是指利用新媒体媒介对外进行宣传和推广

C. 新媒体运营是指利用广播等媒介对外进行宣传和推广

D. 新媒体运营是指利用报纸等媒介对外进行宣传和推广

3. 下列各项中，百家号是由（　　）为内容创作者打造的内容创作平台。

A. 西瓜　　B. 腾讯　　C. 搜狐　　D. 百度

4. 头条号是（　　）旗下的自媒体平台。

A. 今天头条　　B. 今日头条　　C. 金日头条　　D. 金天头条

5. 喜马拉雅是属于（　　）的新媒体平台。

A. 图文类型　　B. 音频类型　　C. 视频类型　　D. 问答类型

二、多项选择题

1. 下列各项中，主流的新媒体平台有（　　）。

A. 公众号　　B. 百家号　　C. 大鱼号　　D. 头条号

2. 对微信公众号帐号进行分类时，可分为（　　）。

A. 服务号　　B. 订阅号　　C. 小程序　　D. 企业微信

3. 下列各项中，常见的问答类新媒体平台有（　　）。

A. 公众号　　B. 知乎　　C. 360问答　　D. 百度知道

4. 下列新媒体平台中，属于短视频平台的有（　　）。

A. 公众号　　B. 简书　　C. 小红书　　D. 抖音

5. 下列各项中，常见的视频类新媒体平台有（　　）。

A. 哔哩哔哩　　B. 腾讯视频

C. 爱奇艺　　D. 西瓜视频

三、判断题

1. 运营新媒体帐号前，首先需要对帐号进行定位。（　　）
2. 新媒体文章标题要与新媒体内容相关，切忌标题党。（　　）
3. 定期策划和开展活动，能够有效提升用户的活跃度。（　　）
4. 知乎平台上的内容无法在搜索引擎的搜索结果中看到。（　　）
5. 新媒体运营人员需要具备良好的写作能力。（　　）

四、问答题

1. 请写出 5 种常见的新媒体平台及其特点并详细解释。

2. 请写出运营公众号的基本流程及获客思路。

3. 请写出新媒体运营岗位需要掌握的职业技能并详细解释。

第2章

2 新媒体运营常用工具

项目导航

知识目标：

1. 了解新媒体运营文本编辑器工具的使用
2. 了解新媒体运营二维码美化工具的使用
3. 了解常见的抠图工具的使用
4. 了解常见无版权配图网站
5. 熟悉如何搜索新媒体的热点信息
6. 熟悉新媒体运营在线工具的使用

技能目标：

1. 掌握编辑器的使用
2. 掌握二维码美化工具的使用
3. 精通抠图工具的使用
4. 熟悉新闻热点工具的使用
5. 熟悉在线设计工具的使用
6. 熟悉问卷工具的使用

思政目标：

1. 引导学生正确认识我国新型商业模式，树立正确价值观和民族认同感
2. 激发学生的爱国爱岗情感、职业责任感和职业认同感
3. 培养学生踏实认真的工作作风和严谨求实的工作态度

任务导入

经过小王的不懈努力，终于确定了适合公司的新媒体平台。注册完各平台帐号后，小王准备发布内容。这时小王又遇到了新的问题，例如，在公众号平台上发布内容时，如何对文章进行排版？如何制作出与别人文章底部一样的二维码效果等？小王这一次能够顺利解决遇到的新问题吗？

知识储备

2.1 文章颜值加分利器

新媒体运营每日的主要工作内容就是生产符合目标用户需求的内容，主要内容形式为图片内容、图文内容、文字内容、音频内容、视频内容，而其中最主要的内容形式为图文内容。图文形式内容的排版、阅读体验会对新媒体运营结果产生直接的影响，只有排版精美、阅读体验良好的内容才会被用户接受，常见内容形式特点对比见表 2－1。

表 2－1 常见内容形式及其特点对比

序号	内容形式	特点
1	图片内容	单位时间内，可表达内容最多，受众接受信息更为直接
2	图文内容	图文结合，可表达内容多，内容深度也较深，给人以思考，解读的空间也较大
3	文字内容	可表达内容最深，（非单位时间内）传播覆盖面广
4	音频内容	由于只动用了听觉一个器官，其他器官可以充分释放，更有利于思考
5	视频内容	长视频内容丰富，短视频和 GIF 图片更类似于图片，信息量比图片多

2.1.1 常用编辑器介绍

想要制作出排版精美、阅读体验良好的推文就需要用到编辑器，使用编辑器不仅可以美化推文，同时还可以提升工作效率。下面为大家介绍一些市场上主流的编辑器。

知识加油站

编辑器，编辑、修改和产生文件时所使用的实用程序。

1. 135 编辑器

135 编辑器是由提子科技（北京）有限公司出品的用于微信排版、图文内容排版、邮件排版的工具，界面如图 2－1 所示。使用该工具可以对文章的标题、正文内容、布局等进行修改，从而使图文内容的排版更加精美。

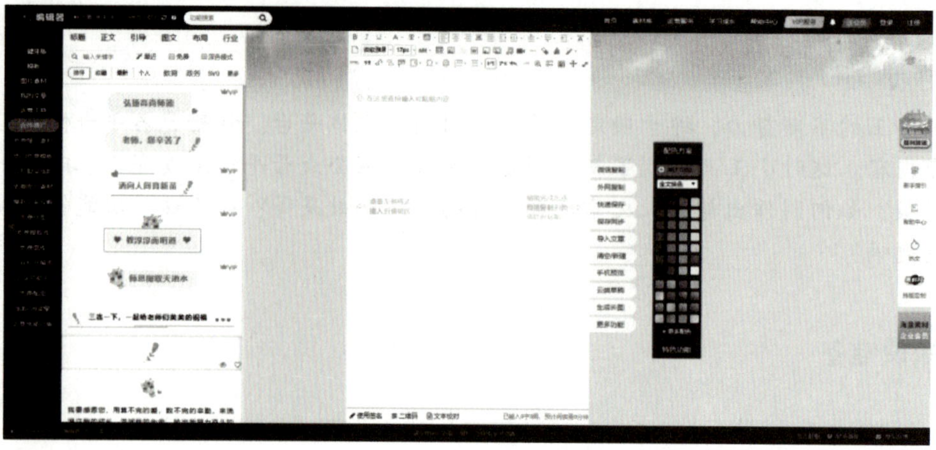

图 2-1　135 编辑器界面

2. i 排版编辑器

i 排版编辑器是由北京小黄人科技有限公司出品的用于图文内容排版、公众号内容样式编辑的工具，界面如图 2-2 所示。其功能和 135 编辑器类似，除了能够对图文内容的样式进行编辑，还有自己的一些“黑科技”，例如：鼠标选中并长按图片可以将图片切换成 GIF 格式、鼠标点击图片将单个的图片拼成完整图片等。

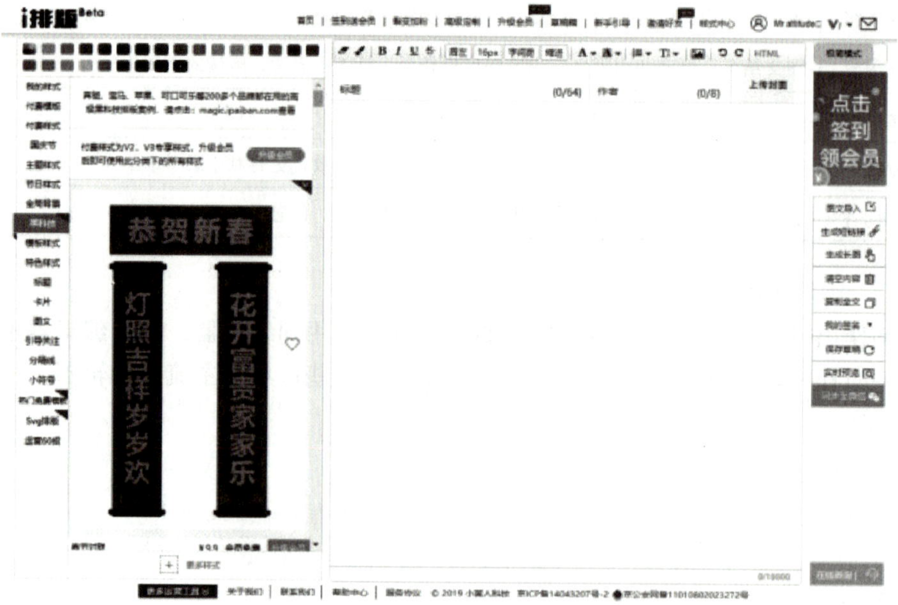

图 2-2　i 排版编辑器界面

3. 新媒体管家编辑器

新媒体管家编辑器是由上海政凯信息科技有限公司出品的图文内容编辑器，和前两个编辑器的区别在于，该编辑器内置于微信公众号的后台，需要下载并安装新媒体管家插件才能使用。用户可以登录新媒体管家网站下载最新的插件，如图 2－3 所示。

图 2－3　新媒体管家插件下载界面

下载安装完成后，在微信公众号后台打开“样式中心”开关，就能使用新媒体管家编辑器了，如图 2－4 所示。

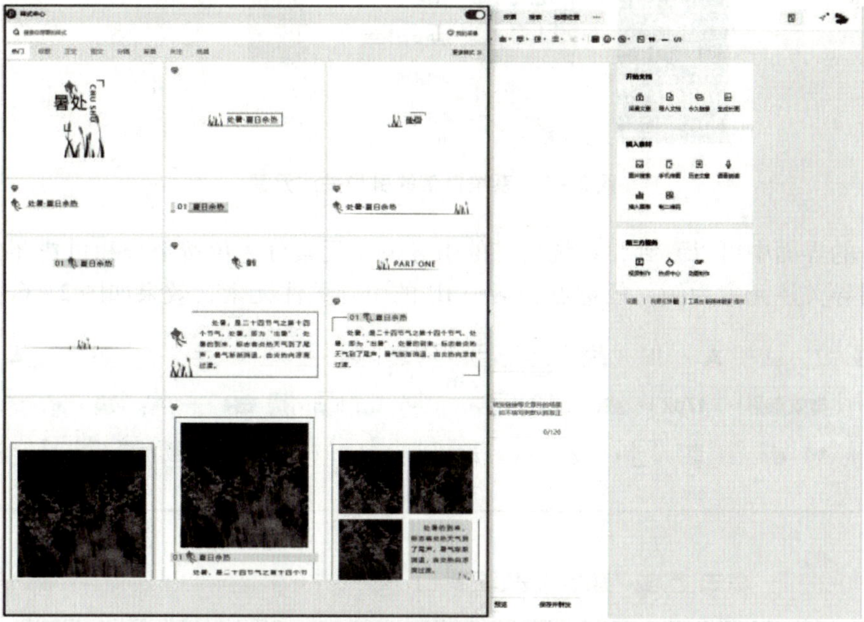

图 2－4　新媒体管家编辑器界面

2.1.2 使用编辑器美化推文

介绍完市场上主流的编辑器后，接下来讲解一下如何使用编辑器对推文进行美化。一篇推文想要获得更多的阅读量和转载量，首先需要有一个用户体验良好的排版，使用编辑器可以给推文添加不同的样式、引导关注、二维码等，从而提高文章的颜值。下面来讲解一下如何使用编辑器对推文进行排版。

1. 使用编辑器添加“引导关注”

引导关注元素位于推文的头部，而用户阅读推文也是从上至下阅读，在推文头部添加引导关注元素，能够较好地引导小白用户或是从其他渠道阅读到帐号推文的用户。这里以135编辑器为例，讲解如何添加引导关注元素。

（1）使用系统自带的引导关注元素。首先，在浏览器地址栏中输入135编辑器的网址，并用微信扫码登录。登录后将鼠标移到界面左侧“引导”导航栏上，点击下拉菜单中的“引导关注”按钮，就能看到系统自带的引导关注元素，如图2－5所示。

图2－5 系统自带的引导关注元素

在展开的界面中可以看到，系统自带的引导关注元素分为免费部分和付费部分，这里我们以免费引导关注元素为例，任意点击某一ID的引导关注元素，效果如图2－6所示。

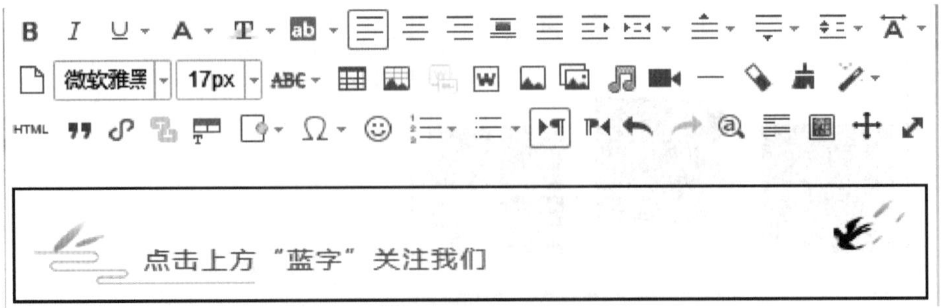

图2－6 插入引导关注元素后的效果

如果对系统自带的引导关注元素不满意，还可以通过鼠标点击引导关注元素里的内容进行修改，例如，更换原有配图、修改字体样式、修改元素对齐方式等，如图 2－7 所示。

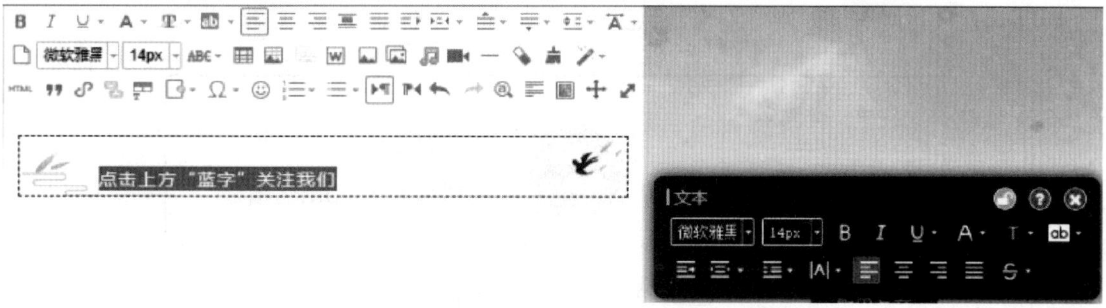

图 2－7 修改字体样式

（2）使用自定义引导关注元素。除了能够使用系统自带的引导关注元素外，用户还可以上传自己制作的引导关注元素。点击左侧菜单栏中的“图片素材”，在展开的内容中点击“上传图片”，然后选择需要上传的文件即可，如图 2－8 所示。

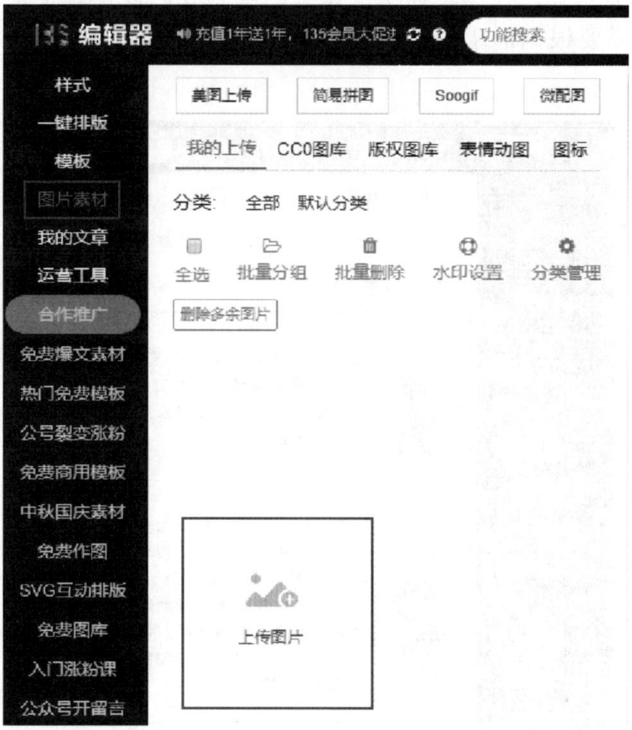

图 2－8 上传自定义图片素材

上传完成后，内容就会出现在右侧编辑器中，效果如图 2－9 所示。

图 2-9 使用自定义图片素材

2. 使用编辑器编辑正文内容

编辑完推文头部后，接下来就是编辑推文的正文内容。正文内容编辑主要包括：段落文字样式选择，标题样式选择，行间距、字间距的调整，两端缩进，三至五行为一段，重点内容加粗、变色显示等，下面来一一进行讲解。

（1）段落文字样式选择。在编辑器中，系统已经为我们设定好了很多段落文字样式，我们在实际编辑时，只需要根据需求进行选择并使用即可。系统自带段落文字样式如图 2-10 所示。

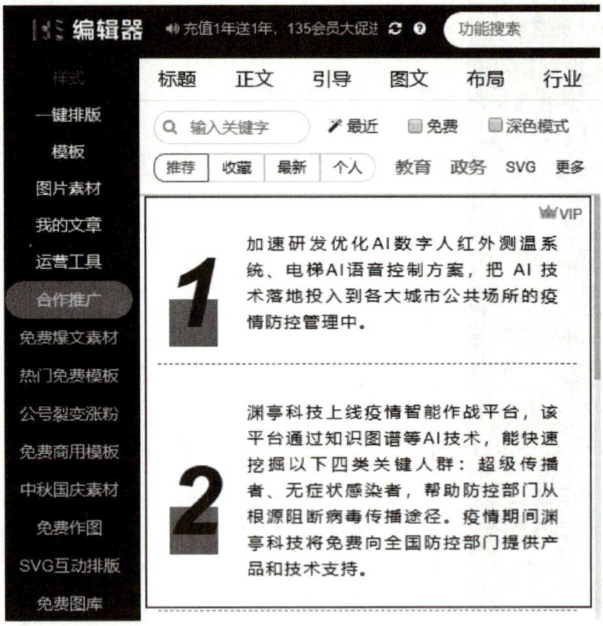

图 2-10 系统自带段落文字样式

单击需要使用的段落文字样式，就能在右侧编辑器中看到实际显示的效果。如果对效果不满意，可更换其他样式或单击样式内容进行修改，修改方式和修改引导关注内容的方式完全一致。修改段落文字样式如图 2-11 所示。

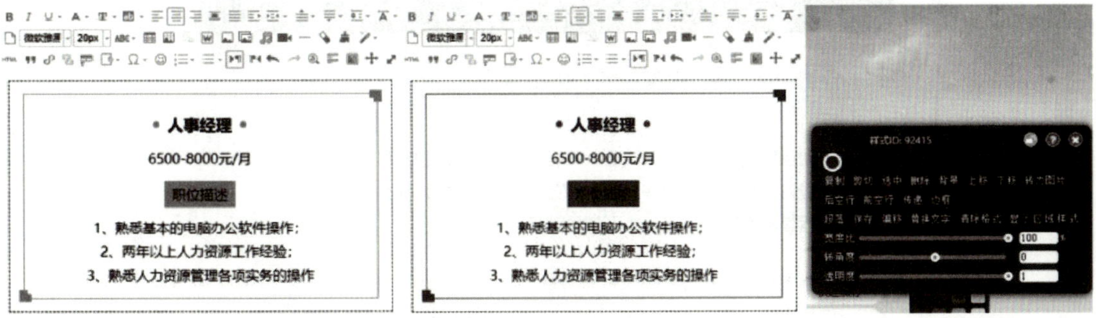

图 2－11　修改段落文字样式

（2）标题样式选择。确定好段落文字样式后，有时候还需要确定标题样式。135 编辑器为用户提供了很多种标题样式，包括基础标题、编号标题、框线标题、图片标题等，如图 2－12 所示，用户可以根据自己的需求进行选择。

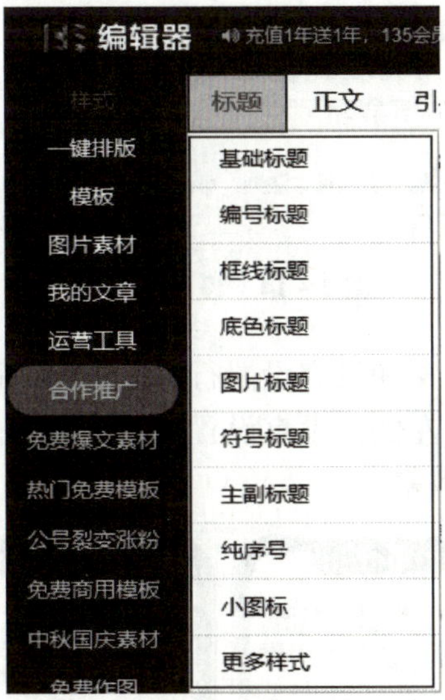

图 2－12　135 编辑器标题样式

用鼠标在左侧点击“标题”样式后，其显示效果就能在右侧的编辑器中预览。同样，用户可以自行修改标题样式的颜色、字体、对齐方式等。

选择一个合适的标题样式，能够提高推文的用户体验。在实际排版时，需要根据推文的风格、目标用户来选择合适的标题样式。

（3）行间距与字间距的调整。合理设置推文的行间距和字间距能够提升推文的阅读体验，在实际排版时，一般设置推文的行间距为 1.75 倍，字间距为 1.5 倍。

设置行间距可以通过编辑器顶部工具栏中的“行间距”按钮进行设置，首先，在编辑框中输入需要设置行间距的内容并选中，然后，用鼠标点击“行间距”按钮右侧的下拉按钮，在展开的下拉菜单中选中合适的行间距进行设置即可，如图 2－13 所示。

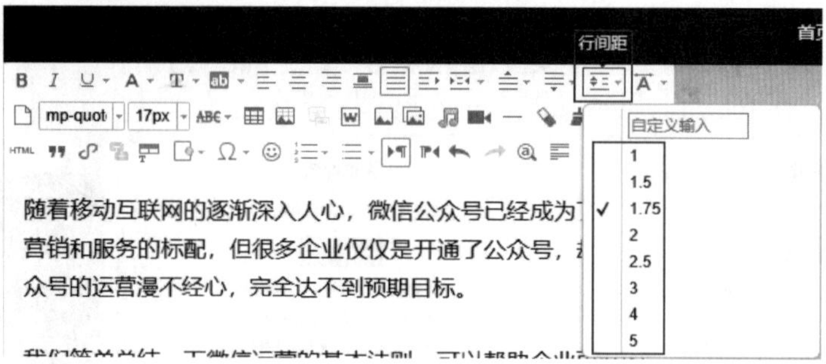
行间距
首页
mp-quot
17px
自定义输入
1
1.5
1.75
2
2.5
3
4
5
随着移动互联网的逐渐深入人心，微信公众号已经成为了
营销和服务的标配，但很多企业仅仅是开通了公众号，
众号的运营漫不经心，完全达不到预期目标。

图 2－13　设置行间距

同理，点击编辑器顶部的“字间距”按钮，可以设置推文的字间距，如图 2－14 所示。

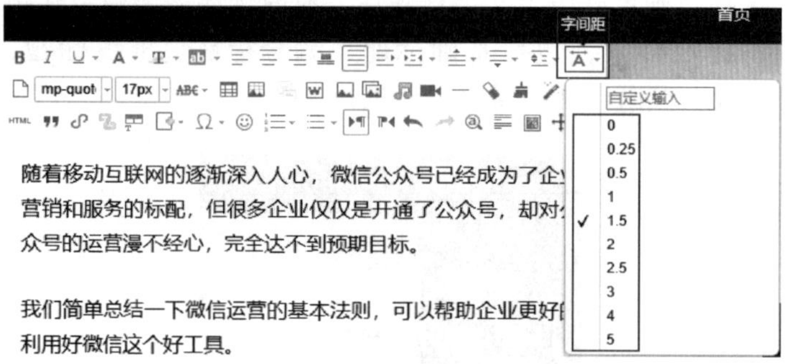
字间距
首页
mp-quot
17px
自定义输入
0
0.25
0.5
1
1.5
2
2.5
3
4
5
随着移动互联网的逐渐深入人心，微信公众号已经成为了企
营销和服务的标配，但很多企业仅仅是开通了公众号，却对
众号的运营漫不经心，完全达不到预期目标。
我们简单总结一下微信运营的基本法则，可以帮助企业更好
利用好微信这个好工具。

图 2－14　设置字间距

设置了行间距和字间距的推文和没有设置行间距和字间距的推文，在手机上阅读时的体验截然不同，如图 2－15 所示，左侧为没有设置行间距和字间距的效果，右侧为设置行间距为 1.75 倍、字间距为 1.5 倍的效果。

随着移动互联网的逐渐深入人心，微信公众号已经成为了企业营销和服务的标配，但很多企业仅仅是开通了公众号，却对公众号的运营漫不经心，完全达不到预期目标。
我们简单总结一下微信运营的基本法则，可以帮助企业更好的利用好微信这个好工具。
1、适应客户的不同需求
不同的企业和行业的客户需求存在很大差异，新老客户也对信息获取有不同的渴望。比如，餐饮、快销、数码、酒店、汽车等服务型企业的客户往往更多的关注企业提供的促销信息或优惠活动，这些活动不会天天有新意，服务号一般更合适。媒体、通信、交通等行业提供的信息一般比较丰富，更适合订阅号。
同时，企业微信也应该针对新老客户有信息发送上的区分，初次关注的客户与长期订阅的客户信息有差异，对公司业务的用户与普通关注的社会客户有差异。
服务号
绿地崴廉公馆

图 2－15　没有设置行间距和字间距与设置了行间距和字间距的对比

（4）设置两端缩进。在实际排版时，除了需要设置推文的行间距和字间距外，还需要对推文设置两端缩进。由于是在手机上阅读文章，手机屏幕远远小于电脑屏幕，设置两端缩进能够让用户阅读时目光更集中，从而提升用户的阅读体验。

点击编辑器顶部工具栏中的“两侧边距”按钮，在展开的下拉菜单中选择合适的值，即可设置推文的两端缩进，一般将两端缩进设置为 20 磅。如图 2－16 所示，左侧为没有设置两端缩进的效果，右侧为设置两端缩进为 20 磅的效果。

图 2－16　没有设置两端缩进和设置两端缩进为 20 磅的对比

（5）三至五行为一段。大部分微信推文都是图文内容，而其中又以文字内容居多，如果按照正常的行文思路进行段落划分，会显得部分段落非常的长，不利于用户的阅读。因此，将三行或者五行内容划分为一个段落，再搭配上之前提到的行间距、字间距以及两端缩进，有利于提升用户的阅读体验。如图 2－17 所示，左侧为按照正常行文思路划分段落的效果，右侧为按照三行或五行为一段划分段落的效果。

图 2－17　按照正常行文思路划分段落和按照三行或五行为一段划分段落的对比

（6）重点内容突出显示。除了在段落样式上进行相应调整可以提升用户的阅读体验外，在内容样式上使用加粗、倾斜、下划线、变色等样式也能快速突出推文中的重点内容。在编辑器中加粗内容的方式和在 Word 中对内容加粗的方式完全一致，使用快捷键“Ctrl + B”或者单击顶部工具栏中的加粗按钮，都能对内容进行加粗显示。同理，如果要对内容添加下划线或者设置倾斜样式，也可以使用快捷键“Ctrl + U”和“Ctrl + I”来实现。

3. 使用编辑器添加“引导阅读原文”

利用阅读原文功能可以使用户跳转到相关的活动页面、内容集合页面或者是公司网站的某个页面，从而实现提升用户体验或者引流的效果。阅读原文入口位于推文最底部，往往很容易被用户忽略，因此，在阅读原文上方添加引导阅读原文的提示，能够有效地指引用户进行点击。

将鼠标移至左侧导航栏上的“引导”菜单，在展开的下拉菜单中点击“引导阅读原文”按钮，就能看到很多引导阅读原文的样式，如图 2－18 所示。

点击其中合适的样式添加到推文阅读原文链接上方即可，添加后的效果如图 2－19 所示。

编辑器
功能搜索
样式
一键排版
模板
图片素材
我的文章
运营工具
合作推广
免费爆文素材
热门免费模板
公号裂变涨粉
免费商用模板
中秋国庆素材
免费作图
SVG互动排版
免费图库
标题
正文
引导
图文
布局
行业
输入关键字
推荐
收藏
基础引导
分割线
箭头
引导关注
引导阅读原文
引导分享
引导在看
End/结束
二维码
历史文章列表
品牌宣传
更多样式
深色模式
SVG
更多
VIP

图 2－18 引导阅读原文

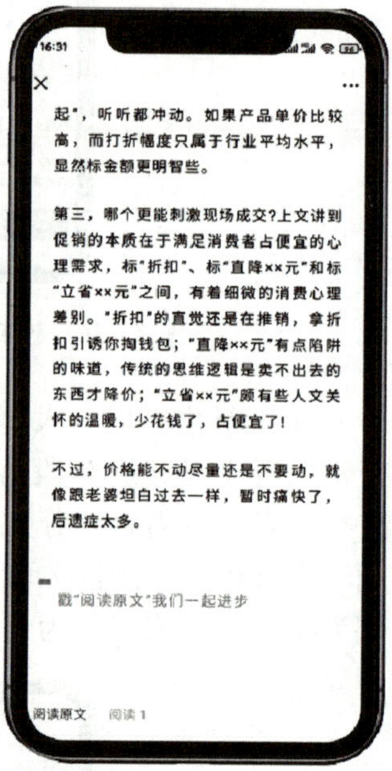
16:31
起”，听听都冲动。如果产品单价比较高，而打折幅度只属于行业平均水平，显然标金额更明智些。
第三，哪个更能刺激现场成交?上文讲到促销的本质在于满足消费者占便宜的心理需求，标“折扣”、标“直降××元”和标“立省××元”之间，有着细微的消费心理差别。“折扣”的直觉还是在推销，拿折扣引诱你掏钱包；“直降××元”有点陷阱的味道，传统的思维逻辑是卖不出去的东西才降价；“立省××元”颇有些人文关怀的温暖，少花钱了，占便宜了！
不过，价格能不动尽量还是不要动，就像跟老婆坦白过去一样，暂时痛快了，后遗症太多。
戳“阅读原文”我们一起进步
阅读原文
阅读 1

图 2－19 添加引导阅读原文的效果

4. 使用编辑器添加“引导分享”

对于公众号运营人员而言，其中一个主要的考核指标就是粉丝数量，运营人员每天不停地撰写文章就是为了获取更多的粉丝，但是，微信公众号又是一个相对封闭的媒介，只有关注了帐号的粉丝才能看到帐号的推文。因此，就需要通过其他的渠道对推文进行曝光，最常见的曝光方式就是将推文分享到朋友圈。在推文底部添加适当的引导分享提示，能够让更多的用户对推文进行分享，从而提高推文的曝光量。

将鼠标移至左侧导航栏上的“引导”菜单，在展开的下拉菜单中点击“引导分享”按钮，就能看到很多引导分享的样式，如图 2－20 所示。

点击其中合适的样式添加到推文结尾处即可，添加后的效果如图 2－21 所示。

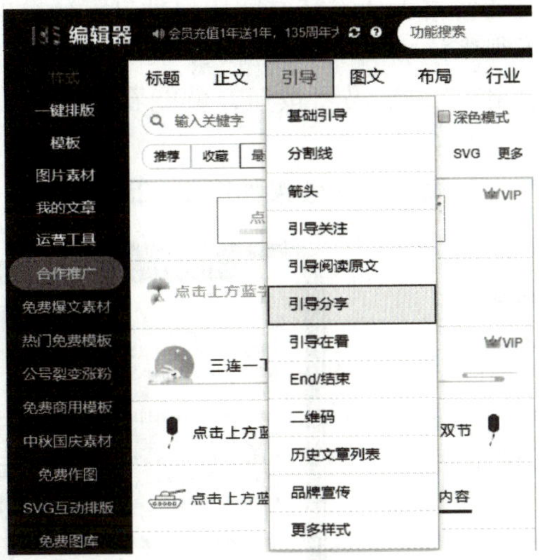
编辑器
会员充值1年送1年，135周年
功能搜索
标题
正文
引导
图文
布局
行业
一键排版
模板
图片素材
我的文章
运营工具
合作推广
免费爆文素材
热门免费模板
公号裂变涨粉
免费商用模板
中秋国庆素材
免费作图
SVG互动排版
免费图库
输入关键字
推荐
收藏
基础引导
分割线
箭头
引导关注
引导阅读原文
引导分享
引导在看
End/结束
二维码
历史文章列表
品牌宣传
更多样式
深色模式
SVG
更多
VIP
点击上方蓝字
三连一下
点击上方蓝
双节
内容

图 2－20　引导分享

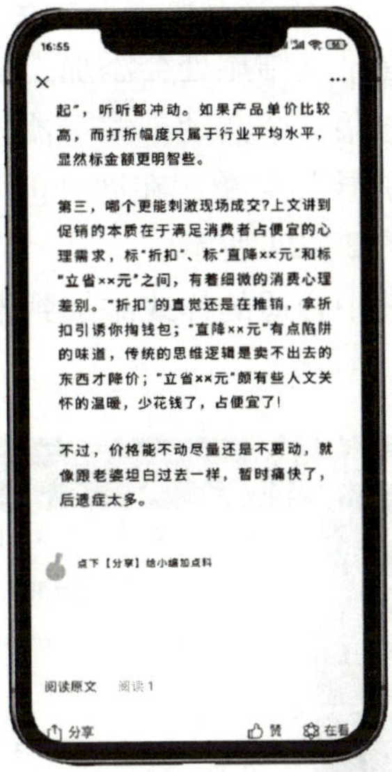
16:55
起"，听听都冲动。如果产品单价比较高，而打折幅度只属于行业平均水平，显然标金额更明智些。
第三，哪个更能刺激现场成交?上文讲到促销的本质在于满足消费者占便宜的心理需求，标"折扣"、标"直降××元"和标"立省××元"之间，有着细微的消费心理差别。"折扣"的直觉还是在推销，拿折扣引诱你掏钱包；"直降××元"有点陷阱的味道，传统的思维逻辑是卖不出去的东西才降价；"立省××元"颇有些人文关怀的温暖，少花钱了，占便宜了!
不过，价格能不动尽量还是不要动，就像跟老婆坦白过去一样，暂时痛快了，后遗症太多。
阅读原文
分享

图 2－21　添加引导分享的效果

5. 使用编辑器添加“引导在看”

“在看”功能是微信公众号改版后推出的一个新功能，被用户点击了“在看”的内容会被同步到“看一看”里，能够被更多的微信好友看到，从而提高推文的曝光量，进而获取更多的粉丝。

“在看”功能位于推文结尾处，很容易被用户忽略，因此，给“在看”按钮添加一个提示能够提高用户的点击率。将鼠标移至左侧导航栏上的“引导”菜单，在展开的下拉菜单中点击“引导在看”按钮，就能看到很多引导在看的样式，如图 2－22 所示。

点击其中合适的样式添加到推文结尾处即可，添加后的效果如图 2－23 所示。

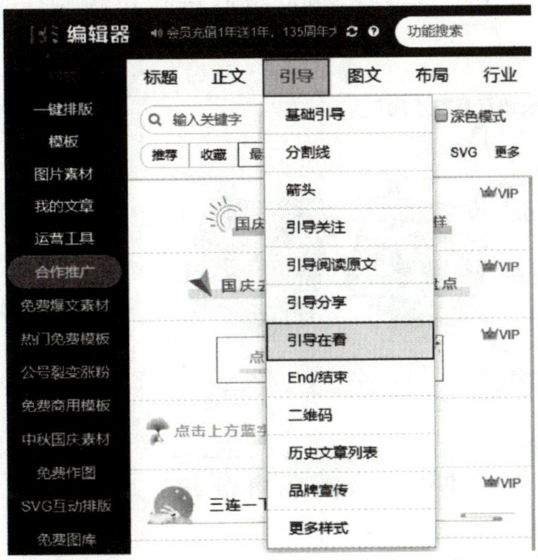
编辑器
会员充值1年送1年，135周年
功能搜索
标题
正文
引导
图文
布局
行业
一键排版
模板
图片素材
我的文章
运营工具
合作推广
免费爆文素材
热门免费模板
公号裂变涨粉
免费商用模板
中秋国庆素材
免费作图
SVG互动排版
免费图库
输入关键字
推荐
收藏
基础引导
分割线
箭头
引导关注
引导阅读原文
引导分享
引导在看
End/结束
二维码
历史文章列表
品牌宣传
更多样式
深色模式
SVG
更多
VIP
点击上方蓝字
三连一下

图 2－22　引导在看

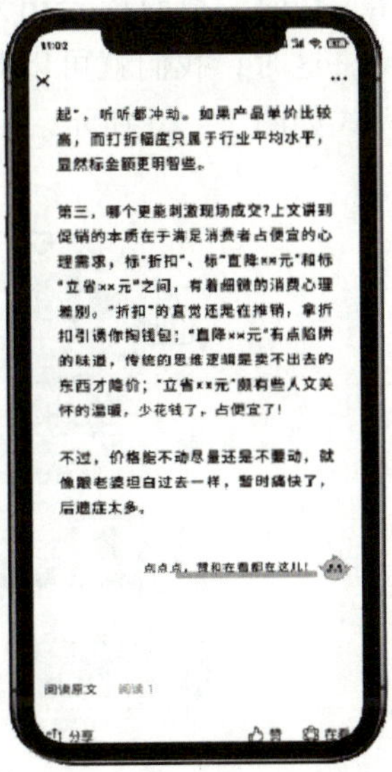
起"，听听都冲动。如果产品单价比较高，而打折幅度只属于行业平均水平，显然标金额更明智些。
第三，哪个更能刺激现场成交?上文讲到促销的本质在于满足消费者占便宜的心理需求，标"折扣"、标"直降××元"和标"立省××元"之间，有着细微的消费心理差别。"折扣"的直觉还是在推销，拿折扣引诱你掏钱包；"直降××元"有点陷阱的味道，传统的思维逻辑是卖不出去的东西才降价；"立省××元"颇有些人文关怀的温暖，少花钱了，占便宜了!
不过，价格能不动尽量还是不要动，就像跟老婆坦白过去一样，暂时痛快了，后遗症太多。
阅读原文
分享

图 2－23　添加引导在看的效果

6. 使用编辑器添加“二维码”

一般在推文结尾处会添加二维码，用来引导尚未关注公众号的用户进行关注，或是扫描二维码参与某一个活动。编辑器为我们内置了很多添加二维码的样式，将鼠标移至左侧导航栏上的“引导”菜单，在展开的下拉菜单中点击“二维码”按钮，就能看到很多二维码的样式，如图 2－24 所示。

点击其中合适的样式添加到推文结尾处即可，添加后的效果如图 2－25 所示。

图 2－24　二维码样式

图 2－25　添加二维码的效果

在实际工作时，有时候公司会要求我们添加彩色的二维码，或是对添加的二维码样式进行重新设计。这时，我们就可以利用二维码美化工具或是 Photoshop 进行重新制作，制作好的二维码样式如图 2－26 所示。

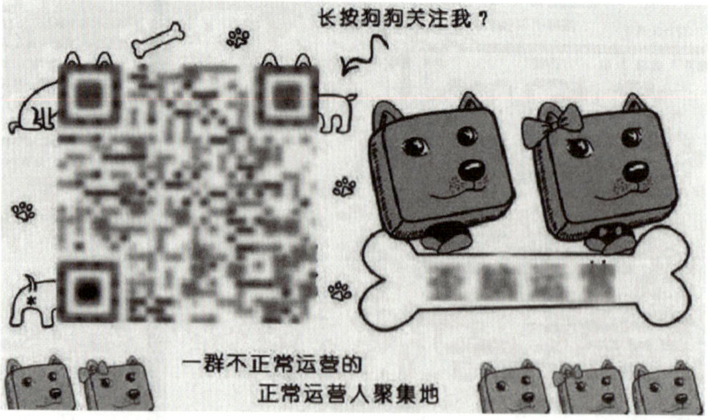

图 2－26　美化后的二维码样式

2.2　二维码美化神器

二维码美化是新媒体从业者必备的一项技能，通过对二维码进行美化，能够更好地向目标用户传递信息。

2.2.1　常用二维码美化网站介绍

在实际工作中，一般是通过工具对二维码进行美化，下面为大家介绍两款常用的二维码美化工具。

1. 草料二维码

草料二维码是由宁波邻家网络科技有限公司出品的用于生成、美化二维码的网站，利用该网站，用户可以将网址、文件、图片、音视频等内容生成二维码，并且还能对生成的二维码进行美化。草料二维码操作界面如图 2－27 所示。

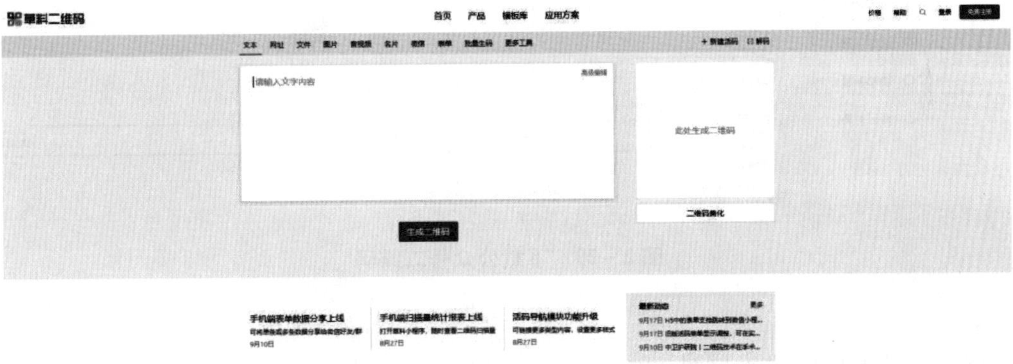

图 2－27　草料二维码操作界面

2. 第九工厂

第九工厂是由南京良码信息科技有限公司出品的二维码美化网站，和草料二维码不同的是，第九工厂为用户提供了不同种类的模板，用户可以按照主题、行业、节日和风格对模板进行挑选。第九工厂操作界面如图 2－28 所示。

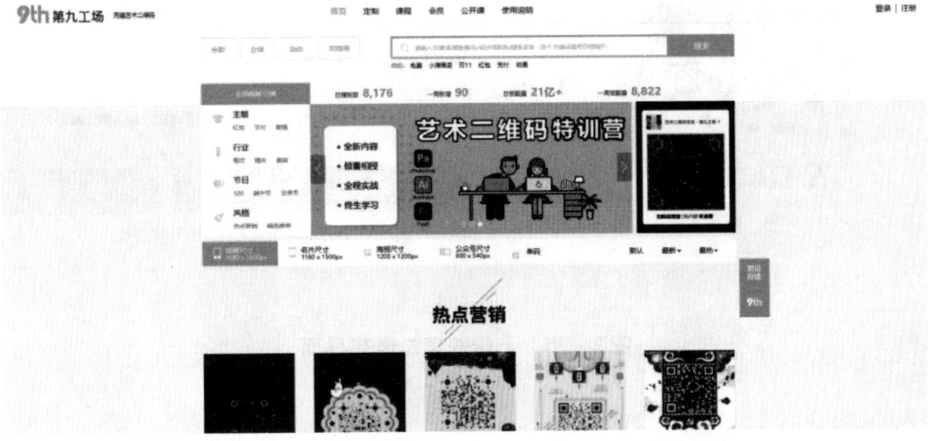

图 2－28　第九工厂操作界面

2.2.2 艺术二维码的制作

不同的帐号有不同的主题，制作一个和帐号主题相关的艺术二维码不仅能够使用户眼前一亮，还能够吸引用户关注。下面以旅游帐号为例，讲解如何制作艺术二维码。

1. 下载公众号二维码

登录公众号后台，将鼠标移至帐号名称上，在展开的下拉菜单中点击“帐号详情”，在新开的页面中找到“二维码”一栏，点击后方的“下载二维码”按钮即可下载公众号的二维码，如图 2－29 所示。

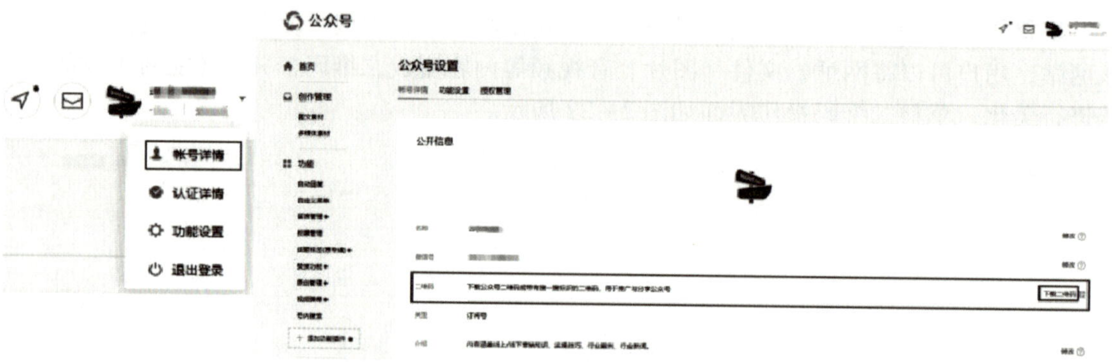

图 2－29　下载公众号二维码

2. 制作艺术二维码

在浏览器地址栏中输入网址 https：//www.9thws.com/，进入登录界面后，用微信扫码登录，然后找到编号为 1255603 的模板，点击该模板来到上传普通二维码页面，如图 2－30 所示。

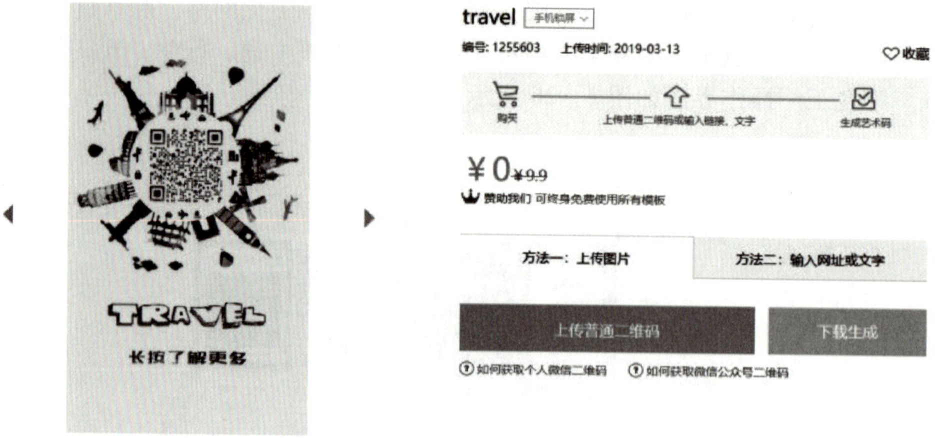

图 2－30　上传普通二维码界面

点击“上传普通二维码”按钮，上传第一步下载好的二维码，上传成功后系统会自动生成艺术二维码，如图 2 - 31 所示。

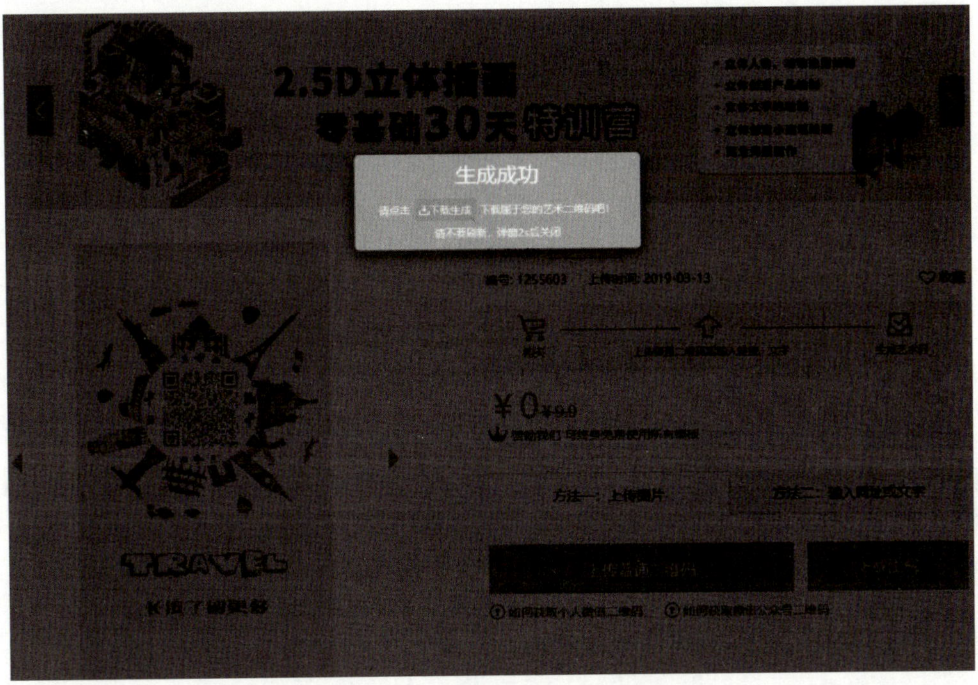

图 2 - 31　生成艺术二维码界面

3. 下载艺术二维码

艺术二维码生成好以后，点击页面中“下载生成”按钮即可下载制作好的艺术二维码。下载好的文件是一个 . zip 的压缩包，里面包含有 5 张不同尺寸的艺术二维码，使用时根据实际情况选取即可。

2.3　小白也会用的抠图神器

说到抠图，人们通常会自然地想到 Photoshop，Photoshop 中提供了各种各样的抠图工具，例如选区工具、魔棒工具、快速选择工具、通道等，但不是所有的新媒体从业者都能熟练使用 Photoshop，因此利用第三方工具对图像进行抠取也是新媒体从业者必备的一项技能。

2.3.1　常用抠图工具介绍

市面上常用的抠图工具非常多，例如凡科快图、稿定抠图等，下面来一一为大家介绍。

1. 凡科快图

凡科快图是凡科网旗下的一款简单易用的图片制作产品，内置海量营销场景的模板及图片素材，拖曳添加，不懂如何使用 Photoshop 照样能快速制作出应用在各种商业场景的图片，让创意呈现更随心更自由，凡科快图界面如图 2 - 32 所示。

图 2 - 32　凡科快图界面

2. 稿定抠图

稿定抠图是稿定设计以「场景 + 工具」的模式推出的抠图神器，是一款在线 AI 人工智能抠图工具，为不会使用 Photoshop 又迫切需要抠图的人群提供操作简单、功能强大的在线服务。稿定抠图界面如图 2 - 33 所示。

图 2 - 33　稿定抠图界面

知识加油站

AI 抠图可以理解为智能抠图工具，何为智能？就是无需像 Photoshop 那样一步步、一点点进行抠图，AI 抠图会全自动进行识别抠图。

3. 怪兽抠图

怪兽抠图是图怪兽网提供的一款在线抠图工具，通过画笔选择保留和去除的区域，从而实现图像的抠取。怪兽抠图界面如图 2 - 34 所示。

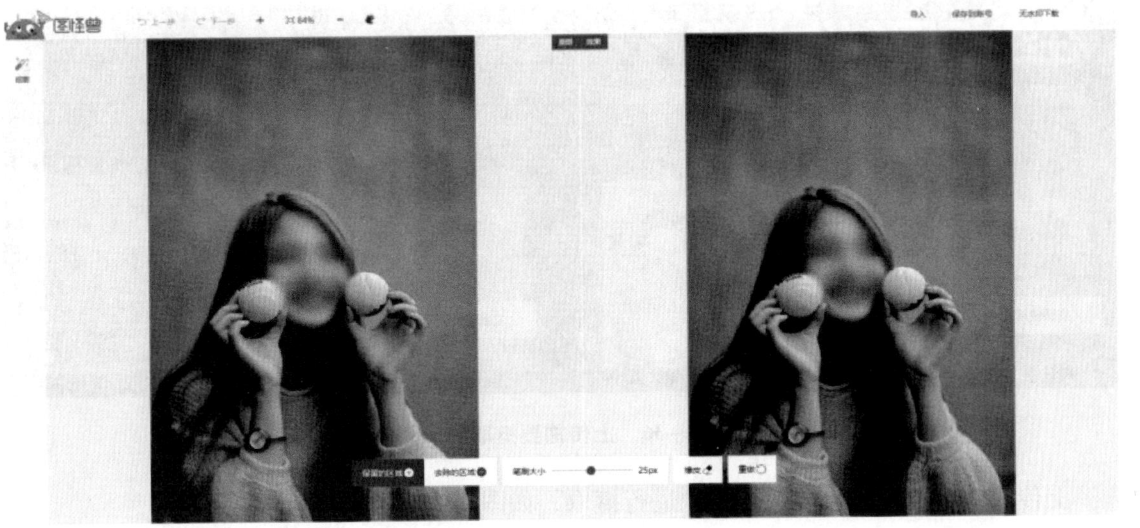

图 2 – 34　怪兽抠图界面

4. 千库抠图

千库抠图是千库网提供的一款在线抠图工具，分为 AI 自动抠人像和 AI 自动抠商品。上传图片后，系统会自动对图像进行处理，用户如果对处理结果不满意，还可以通过“擦除”和“还原”按钮对图像进行手工调整。千库抠图界面如图 2 – 35 所示。

图 2 – 35　千库抠图界面

2.3.2　抠图工具的使用

下面以千库抠图为例，讲解如何通过在线抠图工具对图像进行抠取。

首先，打开千库抠图，点击 AI 自动抠人像下的“立即使用”按钮上传需要抠取的图像，如图 2 – 36 所示。

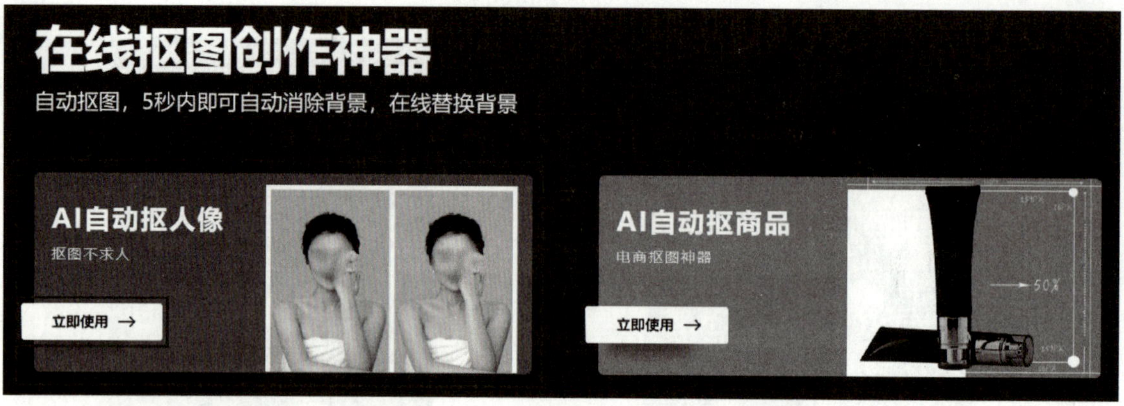

图 2－36　上传需要抠取的人像

上传成功后，系统会自动对图像进行抠取，如图 2－37 所示。

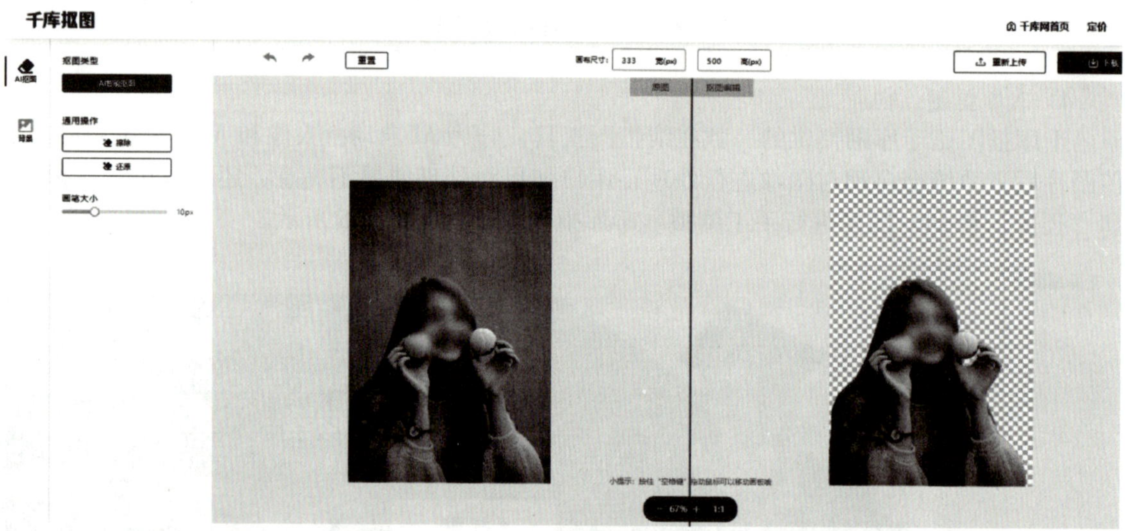

图 2－37　自动抠取人像

用户如果对抠取结果不满意，还可以通过左上角“通用操作”里的“擦除”和“还原”按钮进行手工调整。

2.4　高清无版权配图网站

新媒体从业者在撰写内容时经常会涉及配图，大部分从业者都是通过百度图片来获取图片，殊不知这样会有侵权的风险。那么在实际工作中该如何获取高清无版权的配图呢，本节来进行讲解。

2.4.1　无版权配图网站

配图网站有很多，但是怎么知道哪些网站里的配图是没有版权的呢？一般可以通过查看网站规则或者下载页面中的标注，来判断网站提供的配图是否具有版权，或者在搜索引擎中搜索

“CC0 图片网站”也能找到无版权的图片网站。下面为大家介绍三款常用的无版权配图网站。

1. Unsplash

全世界最知名的无版权图片网站，支持中英文搜索，图片数量庞大，几乎每张图都是经过后期处理过的，但是很多图像滤镜感过于强烈，比较适合用作壁纸。Unsplash 网站界面如图 2－38 所示。

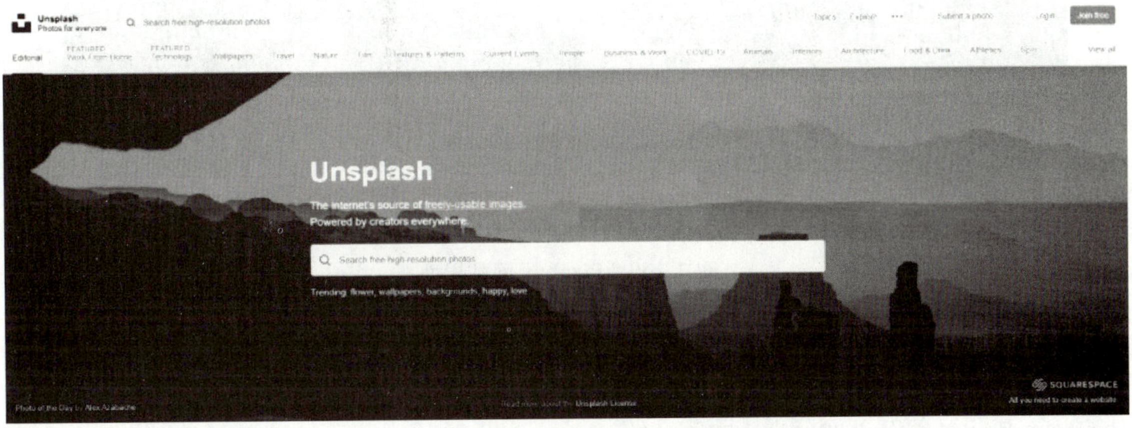
Unsplash
The internet's source of freely-usable images.
Powered by creators everywhere.
SQUARESPACE

图 2－38　Unsplash 网站界面

2. Pexels

全球顶级高清摄影图片网站，支持中英文搜索，下载时可以选择图像大小以及自定义下载图像的大小。Pexels 网站界面如图 2－39 所示。

Pexels
加入
才华横溢的摄影作者在这里免费分享最精彩的素材图片和视频。
免费素材图片

图 2－39　Pexels 网站界面

3. Pixabay

全球知名高清摄影图片网站，支持中英文搜索，图片种类丰富，风格多样，除了能够搜索照片外，还能搜索插画和矢量图。Pixabay 网站界面如图 2－40 所示。

图 2－40 Pixabay 网站界面

2.4.2 无版权图标网站

除了配图，有时候还会使用到图标，常用的图标网站有阿里巴巴矢量图标库、ICONS8、The Noun Project 等，下面分别为大家介绍。

1. Iconfont

Iconfont 是阿里妈妈 MUX 倾力打造的矢量图标管理平台，用户可以自定义下载多种格式的 icon，并可以为 icon 指定喜欢的颜色。平台提供三种格式的文件下载，分别是 SVG 格式、AI 格式和 PNG 格式。Iconfont 下载界面如图 2－41 所示。

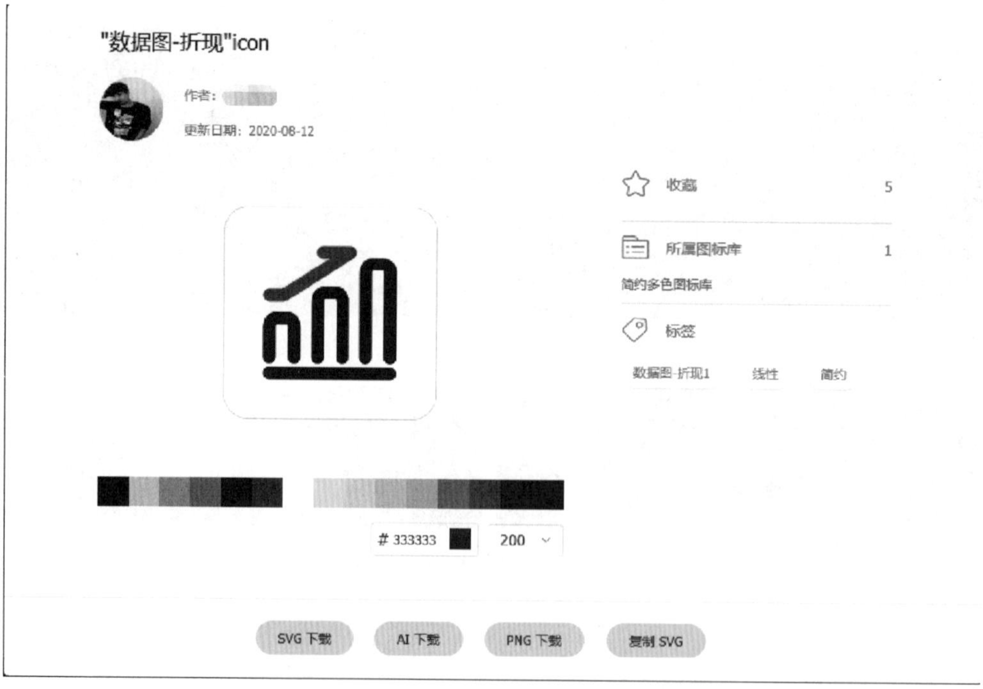

图 2－41 Iconfont 下载界面

知识加油站

icon 是一种图标格式，用于系统图标、软件图标等，这种图标扩展名为 *．icon、*．ico。

2. The Noun Project

The Noun Project 是一个国外的图标网站，仅支持英文词汇搜索，网站上所有的图标无版权，可以免费进行商用。在需要下载的图标上单击鼠标右键，选择“图片另存为”即可将图标保存到本地。如果需要下载较大尺寸的图标，需要注册并登录帐号才能下载。The Noun Project 下载界面如图 2－42 所示。

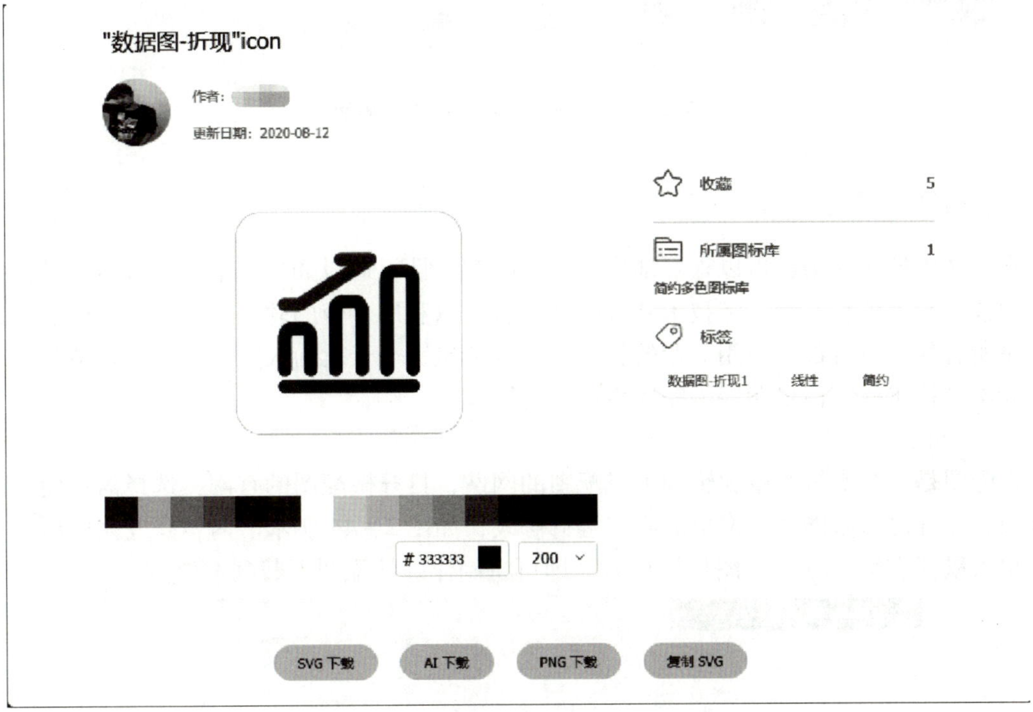

图 2－42　The Noun Project 下载界面

3. Easy Icon

Easy Icon 是一个支持中文和英文搜索的图标搜索引擎，搜索出来的图标支持在线编辑，可以更改图标的颜色和大小。如果需要下载图标到本地，可直接在图标上单击鼠标右键，选择“图片另存为”即可。Easy Icon 图标下载界面如图 2－43 所示。

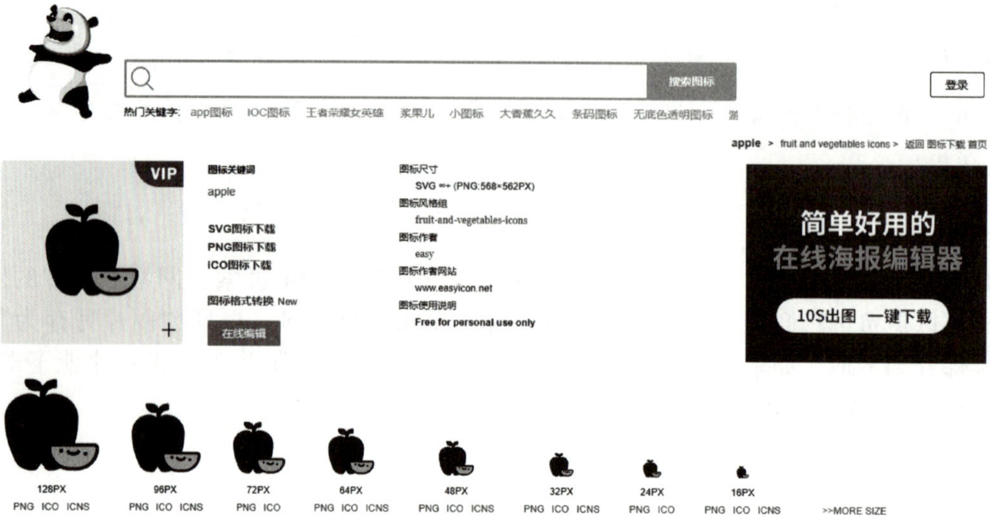

图 2－43　Easy Icon 图标下载界面

2.5　搞怪表情包合集

在推文中插入表情包可以很好地提升推文的趣味性，通过插入表情包或者 GIF 动图能更好地向读者传递信息。有一定技术基础的从业者可以利用专业的软件进行表情包的制作，但是不是所有的从业者都会使用专业的软件制作表情包，今天就为大家推荐两款表情包制作工具，让不懂技术的小白也能轻松完成表情包的制作。

1. 微配图

微配图是一个支持在线编辑和生成配图的网站，打开微配图的官网，选择需要使用的配图模板，点开之后就能对图像里的内容进行修改，如图 2－44 所示。内容修改完毕后，在图像上单击鼠标右键，点击“图片另存为”即可将制作好的配图下载到本地。

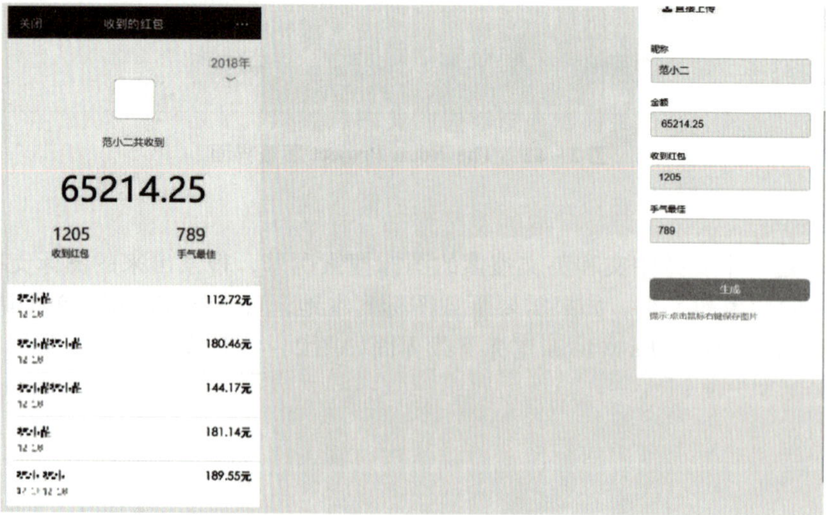

图 2－44　微配图生成界面

除了通过官网制作表情包外，微配图还提供了公众号供用户在手机上操作，通过点击公众号右侧菜单，就能进入表情包编辑界面，修改好相应内容后，长按图像就能将制作好的配图保存到手机里。

2. 我爱斗图

我爱斗图是一个提供各种表情包在线制作的网站，和微配图不同的是，我爱斗图里制作的是各种各样搞怪的表情包，而且还可以制作动图表情包。进入我爱斗图官网，点击想要使用的表情包模板，在内容编辑处对内容进行修改，修改完毕后点击“生成”按钮即可完成表情包的制作，如图 2－45 所示。在制作好的表情包上单击鼠标右键，点击“图片另存为”即可将表情包保存到本地。

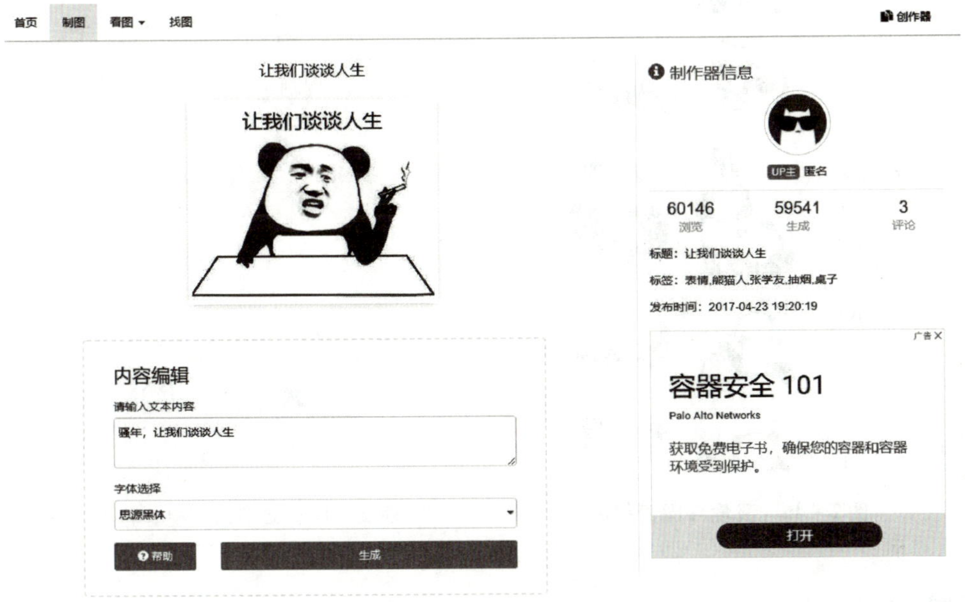

图 2－45　我爱斗图编辑界面

除此之外，我爱斗图还提供创作器供用户自定义制作表情包。点击官网菜单栏最右侧的创作器链接进入编辑界面，在编辑界面右侧，系统为用户提供了身体、脸部、配饰、插图四个素材库，如图 2－46 所示，用户可以从中选取合适的素材，然后将素材整合成一个新的表情包。如果素材库中没有用户想要的素材，用户也可以点击“上传”按钮，上传自己的素材。

知识加油站

这里的“创作器”指的是“我爱斗图”内的表情包生成器。

在编辑界面左侧，系统为用户提供了文字、画笔和移动工具，用户可以使用不同的工具在图像上添加文字信息、进行涂鸦，或是调整图像中各元素的位置，如图 2－47 所示。

表情包制作完成后，点击编辑界面左下角的“保存”按钮即可将图像保存到本地。

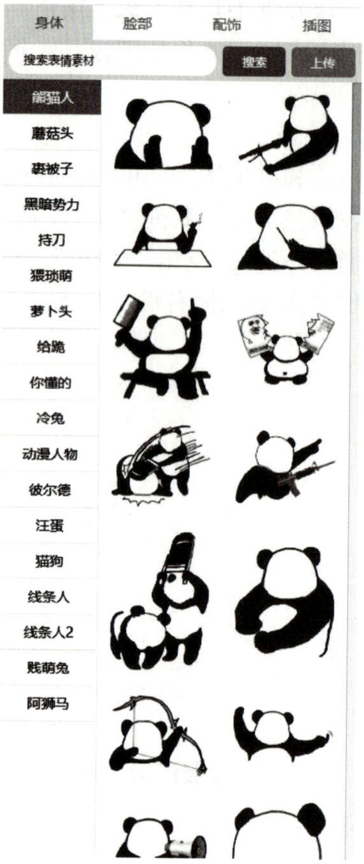

图 2－46　我爱斗图素材库

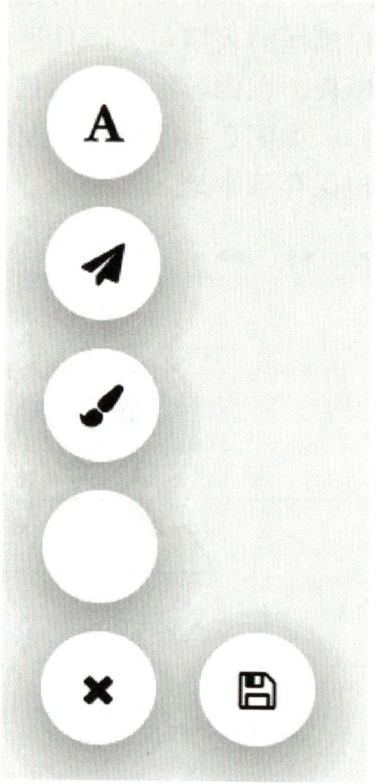

图 2－47　文字、画笔、移动工具

2.6　新闻热点全知晓

在这个互联网盛行的年代，每天都会有很多热点事件被推送到我们眼前。热点事件之所以被称为热点，是因为其被大量的用户关注，撰写与热点相关的推文能够迅速获取大量的曝光。

2.6.1　常用热点网站介绍

下面为大家介绍实际工作中常用的热点获取渠道。

1. 百度搜索风云榜

百度搜索风云榜是以海量网民每日搜索行为作为数据基础的热点网站，包含实时热点、七日关注以及行业热点。每个热点后都有相应的热点指数，并用上下箭头来表示热点的走势。百度搜索风云榜界面如图 2－48 所示。

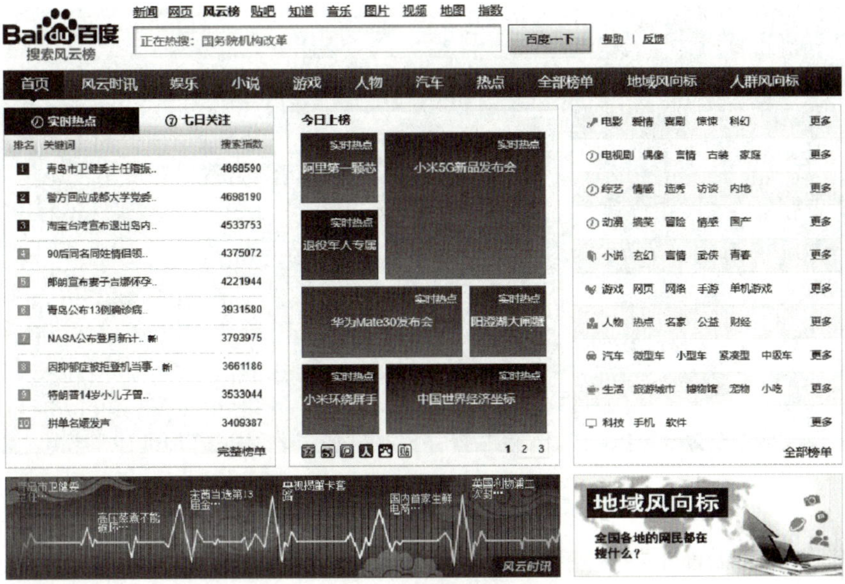

图 2－48　百度搜索风云榜界面

2. 微博热搜

微博上每天都会出现很多新闻，在这些新闻中有时就会蕴藏着下一个热点。点击微博热门话题板块可以查看当前热点话题，如图 2－49 所示。

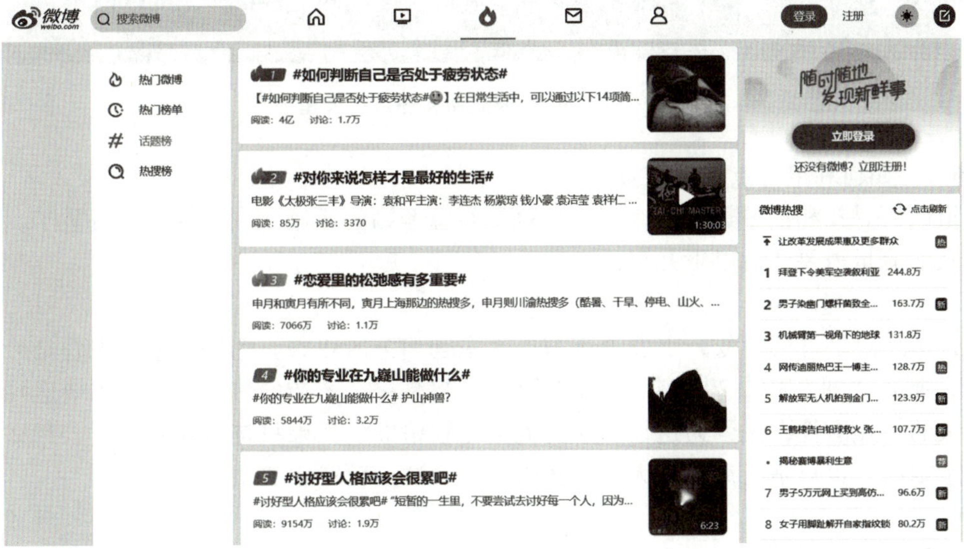

图 2－49　微博热门话题

3. 知微事见

知微事见是一个通过图表形式来反映舆情走势的网站，网络上短时间内达到高传播量的事件以及长期内保持一定传播量的事件都会被收录到这个平台，如图 2－50 所示。

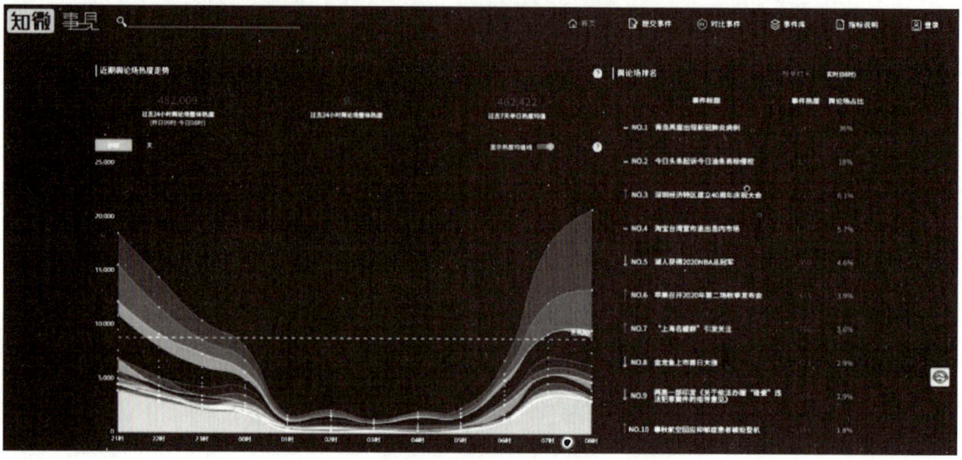

图 2－50　知微事见前十热点事件

除了能够知晓当天前十的热点事件外，平台还总结了近 30 天的热点事件以及某条热点近 7 天的趋势，如图 2－51 所示。

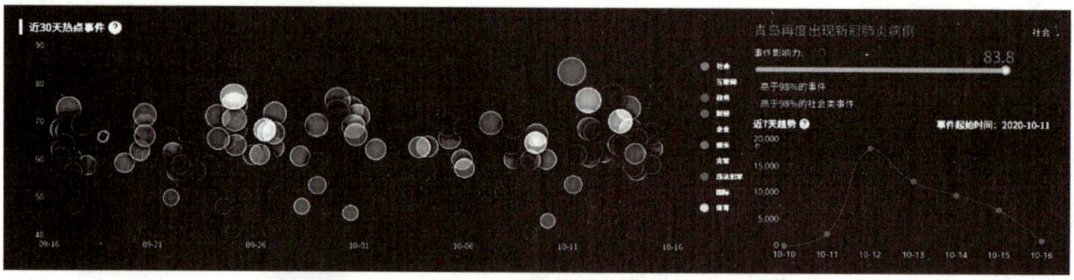

图 2－51　近 30 天热点和热点 7 天趋势

2. 6. 2　如何利用热点获取流量

知道如何寻找和挖掘热点后，接下来就是要思考如何通过热点事件获取流量了。利用热点事件获取流量需要注意以下几点：

1. 与推文主题相关

在挑选热点事件的时候，需要挑选与推文主题相关的热点。例如，推文主题是关于篮球赛事的，那么“湖人获得 2020 年 NBA 总冠军”将是一个不错的热点。之所以要选择与推文主题相关的热点事件，是因为这样带来的流量比较精准。如果只是单纯蹭热度，那么就算带来的流量很高，也只是泛流量，无法对新媒体平台的运营产生实质的作用。

知识加油站

泛流量是指面对网上的消费者，进行广泛的宣传，增加消费者对于产品的熟悉度。

2. 标题中包含热点事件词汇

推文标题中包含热点事件相关词汇，一方面可以吸引目标用户进行点击，另外一方面也可以通过搜索引擎获取相关流量。用户除了在新媒体平台上获取相关资讯外，有时候也会去搜索引擎进行搜索，如果推文标题包含相关词汇，又发布在权重较高的平台上，那么就可以在搜索结果中获得一个不错的排名，从而通过搜索渠道获取相关流量。

3. 热点事件的趋势

蹭热点时需要观察当前热点的趋势以及切入的时机。每一个热点事件都是具有生命周期的，如果切入时机过晚，热点事件已成下降趋势，则带来的效果将会非常有限。因此，要养成长期观察和挖掘热点的习惯，培养挖掘热点的嗅觉，在一个热点还未引爆或即将引爆时切入，将会是最佳的时机。

2.7 简单易上手的设计工具

在从事新媒体运营工作时，有时会需要制作 H5 宣传单页、邀请函或小游戏，利用合适的工具完成相应的操作，不仅能够提升工作效率，还能够实现一些非常炫酷的效果。

知识加油站

H5 宣传单页是指利用 H5 制作出来的一种新型营销展示页面，可以在微信打开，也可以通过浏览器打开。

2.7.1 常用在线设计工具介绍

市场上常用的在线设计工具包括创客贴、凡科互动、Fotor 懒设计、来画、易企秀等，利用它们可以完成公众号封面图、手机海报、朋友圈邀请函、H5 小游戏等的制作。下面为大家分别介绍一下上述 5 个在线设计工具。

1. 创客贴

创客贴是一款在线做图工具，平台提供了公众号封面首图、手机海报、PPT、印刷宣传海报、名片等场景供用户选择，同时还支持自定义尺寸设计。点选想要创作的场景，选中需要使用的模板就能对内容进行编辑，如图 2－52 所示。

图 2－52 创客贴编辑界面

编辑完成后，点击右上角的“下载”按钮即可将制作好的内容下载到本地或者手机上。

2. 凡科互动

凡科互动是凡科网旗下一款在线创建营销活动的网站，平台提供了很多类型的活动模板，例如抽奖活动、游戏营销、推广活动、投票活动等，如图 2 – 53 所示。除了能够在线创建营销活动外，还可以利用平台完成微信抽奖小程序的制作。

图 2 – 53　营销活动模板

3. Fotor 懒设计

Fotor 懒设计是一款提供平面设计、照片编辑和在线印刷的网站，用户可以利用该网站制作公众号封面大图、PPT 演示文稿、电商 banner、视频封面等。选择需要使用的模板，在编辑界面对内容进行修改，点击“下载”按钮即可将制作好的内容保存到本地，如图 2 – 54 所示。

图 2 – 54　Fotor 懒设计编辑界面

4. 来画

来画是一款提供在线视频制作的网站，用户可以利用该网站像制作 PPT 演示文稿一样制作视频。单击需要使用的模板即可来到编辑界面，在编辑界面单击模板中的元素即可对内容进行修改，修改完成后可对视频进行预览和导出，如图 2－55 所示。未付费用户只能导出时长为 1 分 30 秒的视频。

图 2－55　来画编辑界面

5. 易企秀

易企秀是一款用于制作 H5、海报、长页、问卷表单等的网站，如图 2－56 所示，登录帐号并点击菜单栏中相应导航链接即可进入相应板块进行内容创作。网站为用户提供了非常多的模板，其中部分模板需要付费使用。点开模板即可在电脑上预览模板，用手机扫描页面中的二维码可以在手机端进行预览。

图 2－56　易企秀网站界面

2.7.2 在线设计工具的使用

下面以易企秀为例讲解如何通过在线设计工具制作 H5。

首先，在浏览器地址栏中输入 https://www.eqxiu.com/或者直接在搜索引擎中搜索“易企秀”进入易企秀的官网，然后，用微信扫描登录。登录后选择一个需要使用的模板，这里以免费的邀请函模板为例，如图 2-57 所示。

图 2-57 免费邀请函模板

点击该模板来到模板预览页面，然后点击“立即使用”按钮进入编辑界面，如图 2-58 所示。

图 2-58 模板编辑界面

在模板编辑界面，左侧为素材专区，中间为可视化内容编辑区，可视化内容编辑区上方为常用工具栏，右侧为图层和页面管理区，如图 2-59 所示。

图 2－59　易企秀模板编辑界面

点击左侧的素材即可将素材显示在中间的可视化内容编辑区里，单击可视化编辑区里的某一个元素，例如文字“2020”，即可对单个元素内容进行修改，还可以设置元素的样式和动画效果，如图 2－60 所示。

图 2－60　对单个元素进行编辑

当编辑完某一个页面后，可以点击右侧“页面管理”面板，在其中选择其他页面进行编辑。用鼠标按住某一个页面进行拖拽可以更改该页面的顺序，点击页面右侧的按钮可以对页面进行复制、删除等操作，具体操作步骤如图 2－61 所示。

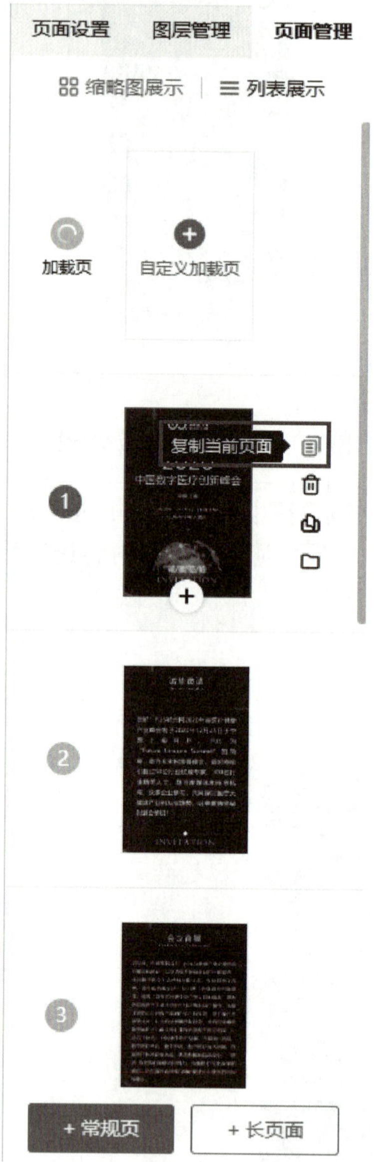

图 2－61　对页面进行复制

如果需要为作品插入文字或图片，可以点击页面正上方的工具栏，通过文字或图片工具完成操作。

当整个作品制作完成后，可以点击右上角的“预览和设置”按钮对作品进行预览。在预览界面，可以设置 H5 宣传单页的标题、描述、封面、访问状态等。内容确认无误后，可以点击“保存”或“发布”按钮对作品进行保存或直接发布，如图 2－62 所示。

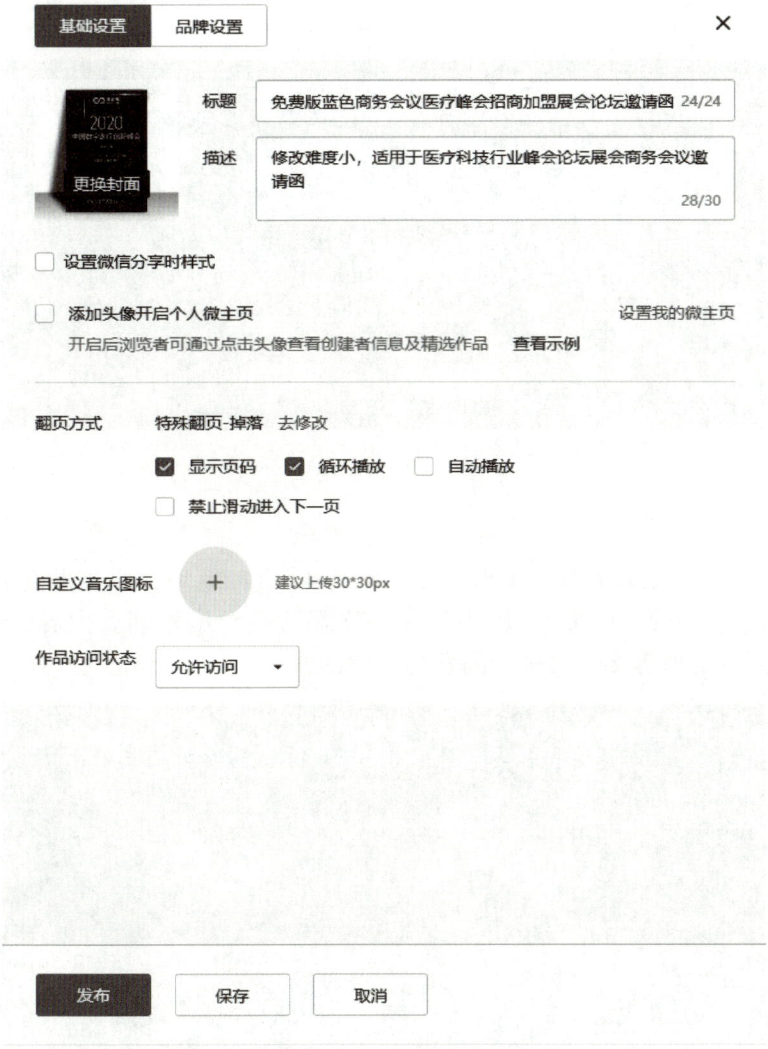

图 2－62　预览界面

2.8　简单易用的问卷工具

在从事新媒体运营工作时，有时候需要制作一些电子的调查问卷，制作好问卷后平台会生成相应的二维码或者访问链接，用户通过扫码或者链接访问即可查看调查问卷的内容，用户提交结果后运营人员可以在后台查看相关数据内容及数据统计。

2.8.1　常用问卷工具的介绍

目前市场上能够实现电子调查问卷的网站非常多，这里为大家提供三款常用的电子问卷调查网站，分别是问卷星、问卷网和金数据，下面对每个网站分别进行介绍。

1. 问卷星

问卷星是专业的问卷调查平台，能够实现“多终端＋多渠道”的问卷分发，支持创建调查问卷、在线考试、在线投票等形式的在线问卷，用户提交问卷后能够自动进行数据统计和分析，如图 2－63 所示。

图 2－63　问卷星

2. 问卷网

问卷网是免费专业的问卷调查平台，平台涵盖 40 余种题型，并且提供丰富的问卷模板供用户使用。用户可以通过 PC/APP/小程序等终端跨平台编辑问卷内容，通过微信/朋友圈/QQ/邮件/短信/微博等多端口进行问卷的分发，如图 2－64 所示。

图 2－64　问卷网

3. 金数据

金数据是一款用表单轻松搭建数据收集的系统，用户可以像搭积木一样，通过拖拽相应的控件就能完成问卷的制作。金数据支持自定义问卷的主题和背景，还能绑定独立域名和上传公司 Logo，同时还有丰富的第三方插件供用户使用，如图 2－65 所示。

图 2 - 65　金数据

2.8.2　问卷工具的使用

下面以问卷星为例，讲解如何创建在线调查问卷并进行问卷的分发。

首先，在浏览器地址栏中输入 https：//www. wjx. cn/或者直接在搜索引擎中搜索“问卷星”进入问卷星的官网，然后，登录帐号。登录帐号后，系统会自动跳转到帐号后台，点击左上角“创建问卷”按钮即可选择需要创建的问卷类型，如图 2 - 66 所示。

图 2 - 66　选择需要创建问卷的类型

点击相应问卷类型后，需要填写创建问卷的名称，并且可以选择创建该问卷的方式。系统提供三种方式创建问卷，分别是“从模板创建问卷”“文本导入”和“人工录入服务”，其中，“人工录入服务”是需要付费的。

填写完问卷名称后，点击“立即创建”按钮即可来到问卷编辑界面。在编辑界面左侧，系统为用户提供了很多选项，用户可以根据自己的需求点击相应的选项，点击选项后对应的内容会出现在右侧预览区域，如图 2－67 所示。

图 2－67　添加题目

在右侧预览区域中可以直接编辑问题的内容和答案，并且可以通过编辑器对答案进行样式的设置。

完成编辑后，将鼠标划到相应问题上，可以调整问题的先后顺序以及对问题进行复制、删除等操作，如图 2－68 所示。

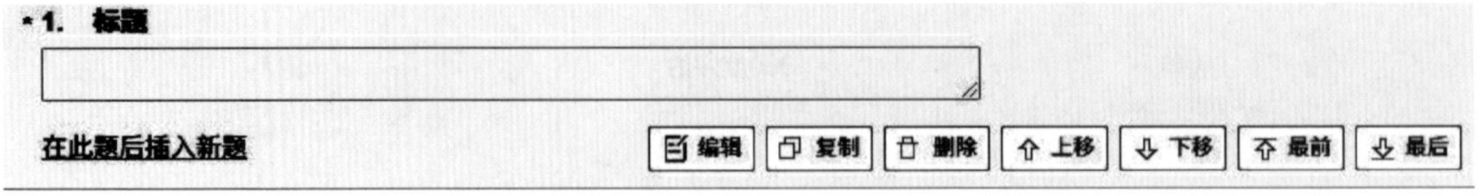

图 2－68　复制或删除问题

当问卷内容全部制作完毕后，可以点击右上角的“预览”按钮对问卷内容进行预览。预览无误后点击“完成编辑”按钮即可对问卷进行发布，发布成功后系统会自动生成问卷的二维码和访问链接，通过系统提供的工具还可以将问卷二维码制作成海报，如图 2 – 69 所示。

链接与二维码
微信发送
邮件&短信
样本服务
互填问卷
申请推荐
问卷链接与二维码
问卷设置
设置企业专属链接
https://www.wjx.cn/jq/9716586
复制
打开
下载二维码
分享微信
制作二维码海报
自定义来源>>
可以根据不同人群自定义问卷链接，比如教师和学生可设置两个链接分开发放作答。
自定义链接参数>>
如果您有自己的会员或员工系统，链接中可直接带入系统参数，获取用户名，跟踪答题状态，回传答卷数据。
此外，您还可以使用自定义链接参数控制问卷中部分题目的选择和填写，通过这些链接进入问卷，部分题目可以自动选择和填写，不再需要填写者手动作答，点击这里了解详情。
嵌入式部署
浮层式部署
更多设置>>
嵌入页面高度：
自适应问卷高度
<script type='text/javascript' src='https://www.wjx.cn/handler/jqemed.ashx?activity=97165867&width=760&source=iframe'></script>
复制代码
部分论坛不支持脚本嵌入(会显示空白)，请获取iframe代码

图 2 – 69　问卷发布成功界面

实战演练

一、单项选择题

1. 在实际排版时，一般设置推文的行间距为（　　）倍。

A. 1.75　　B. 1.25　　C. 1.35　　D. 1.55

2. 在实际排版时，一般设置推文的字间距为（　　）倍。

A. 1.75　　B. 1.55　　C. 1.5　　D. 1.35

3. 下列各项中，在对文章排版时，设置两端缩进的作用是（　　）。
A. 让用户阅读时长停留更长，从而提升用户的阅读体验
B. 让用户阅读时目光更集中，从而提升用户的阅读体验
C. 让用户阅读效率更加高效，从而提升用户的阅读体验
D. 让用户阅读速度更加快速，从而提升用户的阅读体验
4. 下面各项中，在对文章排版时，建议的两端缩进量是（　　）磅。
A. 10　　B. 20　　C. 30　　D. 40
5. 在对文章排版时，一般建议（　　）。
A. 一至两行为一段　　B. 六至七行为一段
C. 三至五行为一段　　D. 没有任何限制

二、多项选择题

1. 下列各项中，常用的编辑器有（　　）。
A. 135 编辑器　　B. i 排版　　C. 新媒体管家　　D. 简书
2. 下列各项中，编辑器常见的功能有（　　）。
A. 修改字体样式　　B. 对齐元素　　C. 编辑代码　　D. 添加引导关注
3. 下列各项中，使用编辑器能够对正文内容进行的操作有（　　）。
A. 调整行间距　　B. 两端缩进　　C. 文字加粗　　D. 修改文本颜色
4. 下列各项中，编辑器中包含的标题样式有（　　）。
A. 基础标题　　B. 编号标题　　C. 框线标题　　D. 图片标题
5. 下列各项中，“阅读原文”功能可以跳转的页面有（　　）。
A. 相关活动页面　　B. 内容集合页　　C. 公众号官网　　D. 公司网站页面

三、判断题

1. 合理设置推文的行间距和字间距能够提升推文的阅读体验。（　　）
2. 使用草料二维码可以将网址生成二维码。（　　）
3. 使用 CC0 协议的素材需要作者授权。（　　）
4. Iconfont 是阿里妈妈 MUX 倾力打造的矢量图标管理、交流平台。（　　）
5. 新媒体运营人员可以通过百度搜索风云榜获取网络热点。（　　）

四、问答题

1. 请例举新媒体运营人员工作中常用的抠图软件或网站。

2. 请简要描述运营新媒体帐号时，新媒体运营人员如何通过网络热点获取相关流量。

第 3 章 微信公众平台运营

项目导航

知识目标：

1. 了解公众号类型及不同类型帐号的区别
2. 了解注册公众号的注意事项

技能目标：

1. 掌握公众号定位及注册操作
2. 掌握公众号后台操作
3. 掌握公众号内容撰写
4. 掌握公众号推广
5. 掌握公众号粉丝互动及维护
6. 掌握公众号活动策划
7. 掌握公众号数据统计及分析

思政目标：

1. 培养学生具有良好的职业道德，树立正确的价值观
2. 培养学生具有良好的大局意识和风险管控意识
3. 培养学生具有踏实认真的工作态度和严谨求实的工作作风
4. 培养学生发现、识别美的能力，具备高尚的道德情操

任务导入

经过一段时间的运营，公司决定将公众号作为主要的新媒体平台。便安排小王负责公众号的运营，并给小王制定了阶段性的运营目标。小王接手公众号后，便开始研究公众号的运营和推广，这次小王能圆满完成公司制定的阶段运营目标吗?

知识储备

3.1 公众号的定位

成功的公众号运营离不开精准的帐号定位。帐号定位准确、清晰，才能明确帐号的目标用户群体，版式设计上才能有的放矢，才好确定计划撰写内容的类型和呈现形式。下面就为什么要进行帐号定位和如何对帐号定位进行分析。

3.1.1 为什么要对帐号定位

想要理解为什么要对帐号进行定位，首先就要明确什么是定位。通俗地讲，定位其实就是给自己贴标签的过程，你要明白你的读者是谁，你要向他们提供什么内容，你可以为读者解决什么问题，或者是带来什么好处，你的风格和调性是什么，你有什么独特之处。

同学们不妨看看自己关注的关注号，对于定位明确的公众号，可以让用户很清楚地知道这个公众号提供什么内容、有什么特色、用户可以从中得到什么。

例如：

丁香医生，提供大众健康内容，读者可以从这里了解健康常识和医学知识。

36 氪，提供新锐深度的商业报道以及互联网行业资讯。

旁门左道 PPT，专注 PPT 技能的学习和提升。

定位明确的公众号，通常都专注一个领域的内容，所以你不会看到 36 氪在安利美妆，不会看到一个做 PPT 的公众号在讲 EXCEL。

因而，定位就是当大家说起你的时候，对你有很清晰的认知。就好比当你和朋友推荐一家著名的饭店时，你会说："嗬，那家店呀，做粤菜的，肠粉做得特别好，价格实惠，环境也不错"。做公众号也一样，明确的公众号定位就是当社会公众提起你的时候，知道你是做什么的，能给受众提供什么服务，带来什么价值。

了解了帐号定位概念后，再来进一步理解为什么要进行定位。对帐号定位主要有以下 3 大好处：

1. 定位帮你初步确定目标用户

确定了公众号的定位，也就确定了你的目标用户。一方面，你可以去调查这些用户活跃在哪些渠道，从而可以去对应的渠道进行引流、涨粉。

比如，你的公众号定位是大学生职业规划，那么，你的用户很可能就是对就业迷茫的大学生。为了让这类群体关注到你的公众号，你就可以从大学生活跃的渠道去进行推广和引流。

另一方面，你的用户就是内容的消费者，你的内容必须符合目标用户的调性和价值观。

2. 定位指导内容创作的方向

定位可以初步框定文章内容的范围，让内容不跑偏，知道哪些选题可写，哪些选题不能盲目跟从。例如，你是一个做金融产品的公众号，就不能想要蹭热点去写什么明星八卦。清晰的定位可以让你知道什么可以写，什么不能写。

知识加油站

选题是指在写作之前对文章题材的初步确定。

3. 定位帮你占据用户心智

当你想看新闻的时候，会打开央视新闻，想了解“互联网圈的新鲜事”；你会打开 36 氪，无聊放松的时候就看“有趣青年”的漫画。虽然有很多同类型的公众号，但是当你有需求的时候，第一时间想到的是它们，因为你知道它们可以解决你的这些需求。

用户的注意力永远是稀缺资源，他们通常只记住最简洁的信息，这个信息的载体就是品牌。而好的品牌是需要精准的定位和高效的营销活动才能发挥其作用的。

这些公众号的定位足够精确，在长期运营之后，已经形成自己的品牌，占据了用户的心智，所以，用户在有需求的时候就会第一时间想起它们而不是其他品牌。

3. 1. 2　如何对公众号进行定位

在了解了什么是定位，也知道了定位的重要性后，那接下来的问题就是如何进行公众号定位了。

一腔热血申请了公众号，给自己起了一个自认为很厉害的名字之后，就陷入了深深的迷茫之中，“我接下来要干嘛来着”……这是很多刚开始运营公众号的“小白”会遇到的第一道坎儿——怎么给公众号定位。

简单来说，公众号定位就三点：自己感兴趣的 + 自己能写的 + 找到有关注度的垂直细分领域。

1. 定位的内容是自己感兴趣的

公众号定位的内容首先要是自己感兴趣的，如果自己都不感兴趣的领域，想要持续输出是很困难也是很痛苦的。

这些领域可以是游戏、健身、美妆、职场，学习方法，某个自己喜欢的学科或专业，只要是你觉得自己有兴趣的，找张纸，把它们一一列出来。然后进入第二步。

2. 定位的内容是自己能写的

自己能写的，也就是你在这个领域有自己独到的见解，是你擅长的东西。第一步你已经列出自己感兴趣的领域，接着，在自己感兴趣的领域里筛选出自己能写的。

如果你觉得自己情感丰富细腻，你善于观察和揣摩别人的心理，那你可以考虑写情感方面的文章；或者你是一个资深的健身爱好者，那你完全可以写健身方面的内容，因为这是你自己做过的、亲身经历的，再进行内容输出就不会太困难。

可能有些人会问了，虽然有自己感兴趣的领域，但是不擅长怎么办？学！这也是把你所学内容产品化的一个过程。

具体的建议：首先，确定是真的感兴趣而不是三分钟热度，这决定你后期是否有足够的动力进行这方面内容的持续输出。

其次，看这个领域的门槛高不高、专业性强不强。如果这个领域的门槛不高，专业性不是特别强，你可以通过前期投入一定时间进行学习，快速达到入门门槛的话，也完全可以写这方面的内容。

比如，你喜欢化妆，但不擅长；你喜欢阅读，但把阅读后的感想写出来你不是很擅长，这些领域的内容都不是具有很高的门槛和专业性要求的，经过一段时间的学习和训练达到入门水平后，你就可以输出一定的内容了。但是，要保持后期的持续输出，不然你在这个领域很难创造高价值的内容。

但如果你感兴趣的领域专业性要求很高，你可能需要经过好几年的学习才能入门，那这个领域的内容还是暂时不要考虑了。

3. 找到有关注度的垂直细分领域

这里有两个点：一个是内容要有关注度，另一个是垂直细分领域。

怎么看自己要写的内容是否有关注度呢？可以通过一些指数工具进行参考，如：百度指数、头条指数、360 趋势、微热点。

比如图 3－1 中展示的两个关键词：自律和大学生旅游，明显自律的关注度比大学生旅游要高很多。如果没有足够的关注度，那么内容将很难传播和推广。

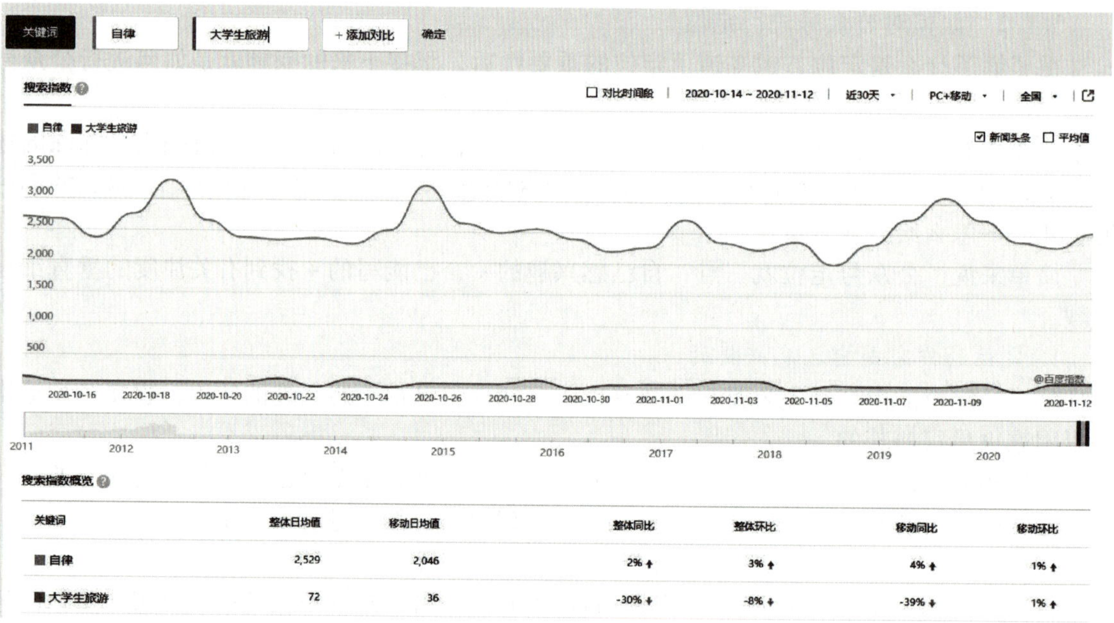

图 3－1 通过工具查询内容关注度

还可以到相关的平台查看话题关注度，图 3－2 所示即为通过知乎查询话题热度的截图。

那你可能会说，那我写大家都关心和关注的话题，比如情感、个人成长和减肥健身，这些话题的热度是长盛不衰的，这样总没有问题了吧。

这就是我接下来要说的第二个点，话题有关注度是一方面，但是另一方面还要考虑垂直细分领域。

因为作为一个刚起步的小号，别人写情感，你也写，但是你有没有想过，头部大号早已经占据了用户心智，即便强挤进去了，也是很难获取到用户的注意的。

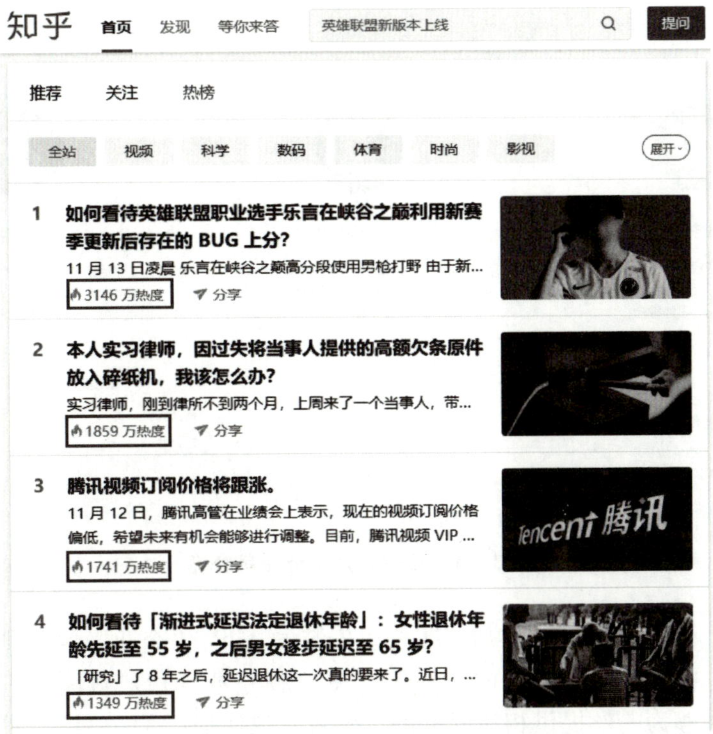
知乎
首页
发现
等你来答
英雄联盟新版本上线
提问
推荐
关注
热榜
全站
视频
科学
数码
体育
时尚
影视
展开
1
如何看待英雄联盟职业选手乐言在峡谷之巅利用新赛季更新后存在的 BUG 上分?
11 月 13 日凌晨 乐言在峡谷之巅高分段使用男枪打野 由于新...
3146 万热度
分享
2
本人实习律师，因过失将当事人提供的高额欠条原件放入碎纸机，我该怎么办?
实习律师，刚到律所不到两个月，上周来了一个当事人，带...
1859 万热度
分享
3
腾讯视频订阅价格将跟涨。
11 月 12 日，腾讯高管在业绩会上表示，现在的视频订阅价格偏低，希望未来有机会能够进行调整。目前，腾讯视频 VIP ...
1741 万热度
分享
Tencent 腾讯
4
如何看待「渐进式延迟法定退休年龄」：女性退休年龄先延至 55 岁，之后男女逐步延迟至 65 岁?
「研究」了 8 年之后，延迟退休这一次真的要来了。近日，...
1349 万热度
分享

图 3－2　通过知乎查询话题热度

尤其是在公众号已经成为深度红海的今天，想要让用户注意到你，就要先从垂直的细分领域切进去。

大家都在写减肥健身，那你可以进一步细分，写专门针对孕妈妈的产后身材恢复问题；大家都在写爱情、亲情，那你可以写写宿舍的舍友情。

总之，就是专注于一个细分的领域，打造具有强烈品牌特色的个人 IP，也就是差异化，就是你的公众号和别的公众号不一样的地方。

公众号的定位要在一开始就想好，但也不是一蹴而就的，期间还需要通过用户调查不断进行调整。毕竟船在航行过程还会被风刮歪呢，要懂得利用用户调查来调整航向。

3.2　公众号的注册

了解完公众号定位后，接下来就是实际动手注册帐号进行操作了。在注册公众号之前需要了解一下公众号的分类、不同类型帐号之间的区别、自己帐号的定位和内容适合哪种类型的帐号等问题，搞清楚这些问题后才能选择出适合自己的帐号。

3.2.1　公众号种类和区别

打开微信公众平台官网，可以很清晰地看到公众号分为 4 类，分别是“服务号”“订阅号”“小程序”和“企业微信”，如图 3－3 所示。

在每种类型帐号下方有一段关于该类型帐号的描述，通过官方给出的描述可以发现：“服务号”适用于有一定业务服务与管理能力的运营者，“订阅号”适用于有丰富的内容想

帐号分类
服务号
给企业和组织提供更强大的业务服务与用户管理能力，帮助企业快速实现全新的公众号服务平台。
订阅号
为媒体和个人提供一种新的信息传播方式，构建与读者之间更好的沟通与管理模式。
小程序
一种新的开放能力，可以在微信内被便捷地获取和传播，同时具有出色的使用体验。
企业微信 原企业号
为企业与组织提供专业的协作、管理和客户运营工具。企业员工可以用认证的身份添加客户微信，提供服务，实现交易。实现对内工作协同高效，对外连接12亿微信用户。

图 3－3 微信公众平台帐号分类

要传播的运营者，而“小程序”类似于手机里安装的 APP，“企业微信”则是专门为企业开发的工具。因此，在实际注册帐号时，一般会在“服务号”和“订阅号”之间选择，有一定粉丝基数并且能够为粉丝提供相应服务的运营者建议注册“服务号”。没有粉丝基数或粉丝基数较少，但是有良好的创作能力者，建议选择注册“订阅号”。不同类型公众号的区别，如表 3－1 所示。

表 3－1 不同类型公众号的区别

功能权限	普通订阅号	微信认证订阅号	普通服务号	微信认证服务号
消息直接显示在好友对话列表中			✓	✓
消息显示在“订阅号”文件夹中	✓	✓		
每天可以群发1条消息	✓	✓		
每个月可以群发4条消息			✓	✓
无限制群发				
保密消息禁止转发				
关注时验证身份				
基本的消息接收/运营接口	✓	✓	✓	✓
聊天界面底部，自定义菜单	✓	✓	✓	✓
定制应用				
高级接口能力		部分支持		✓
微信支付-商户功能		部分支持		✓

3.2.2　公众号注册

在浏览器地址栏中输入 https：//mp. weixin. qq. com/，或在搜索引擎中搜索“微信公众平台”进入微信公众平台官网，点击右上角的“立即注册”按钮即可来到注册页面，如图 3－4 所示。

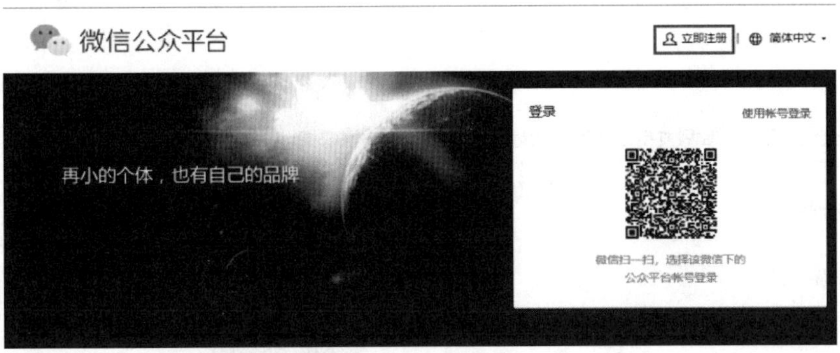

图 3－4　微信公众平台注册界面

在注册页面，系统提供了 4 种帐号类型供用户选择，这里以“订阅号”注册为例进行讲解。点击“订阅号”来到“订阅号”注册界面，按照页面提示填写“邮箱”“邮箱验证码”“密码”和“确认密码”。如图 3－5 所示，需要注意的是，每个邮箱仅能申请一种帐号。

图 3－5　填写注册邮箱和密码界面

填写完成后，勾选“我同意并遵守”选项，然后点击“注册”按钮进入下一步。下一步是选择企业注册地，这里默认选择“中国大陆”，如图3－6所示。

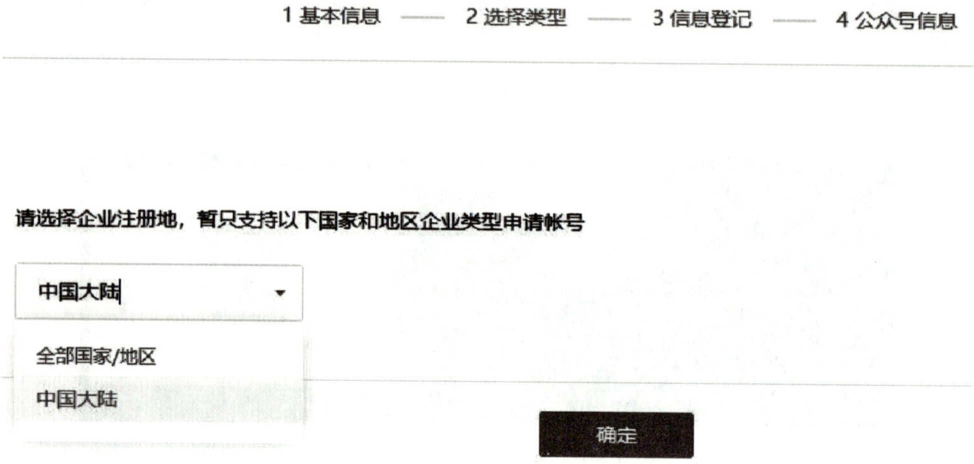

图3－6 选择企业注册地

选择完毕后，点击“确定”按钮进入下一步。下一步即选择注册帐号的类型，在该步骤页面中详细列出了三种帐号的适用类型以及不同的权限，如图3－7所示。

图3－7 选择帐号类型

这里选择“订阅号”，单击“确定”按钮进入下一步。下一步是选择帐号主体类型，如果是以公司身份注册帐号，则选择“企业”主体。如果是个人进行操作，则选择“个人”作为主体。点击“个人”选项标签后，系统会弹出需要填写的信息，如图3－8所示。

图 3－8 填写个人主体类型信息

填写完毕后，点击“继续”按钮进入下一步。下一步是整个注册流程的最后一步，需要填写“帐号名称”“功能介绍”和选择“运营地区”，如图 3－9 所示。

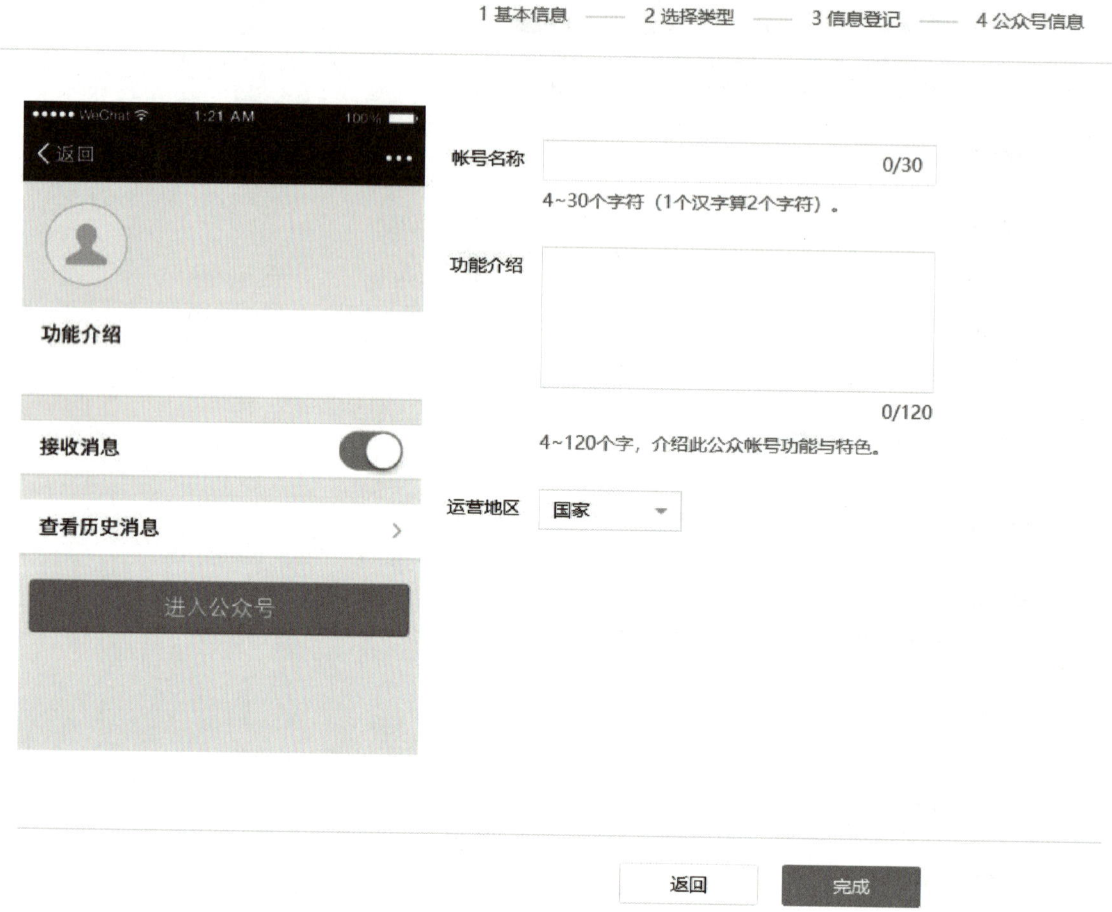

图 3-9 填写公众号信息

3.2.3 公众号注册注意事项

公众号注册整个操作过程非常简单，但是有些事项还是值得我们注意，若没有注意这些事项，有可能导致帐号后期运营和推广遇到麻烦。

1. 注册限制

自 2018 年 11 月 16 日起，个人主体注册公众号数量上限调整为 1 个。所以，在注册帐号之前要想清楚注册帐号的用途，避免由于盲目注册导致浪费注册机会。

2. 帐号名称

注册之前要想好帐号的名称，帐号名称是帐号引流和用户关注的关键。一个好的帐号名称应该涵盖帐号的主题、利于用户的搜索，并且名称里包含用户可能会搜索的关键词。

3. 微信号设置

除了帐号名称，微信号也是用户关注帐号的主要入口，为公众号设置简单易记的微信号能够便于用户进行搜索。微信号一个自然年内只能申请修改 1 次，因此需要想好后再设置。

4. 帐号认证

对帐号认证能够提升帐号可信度以及搜索排名，只有以企业身份主体注册的帐号才能进行认证，个人身份主体注册的帐号目前无法进行认证。

3.3　公众号后台操作

通过前面两步，已经完成了公众号的注册，此时可以进入公众号后台对帐号进行设置和相关操作了。公众号后台包含的模块和功能非常多，本节选取其中常用的功能模块进行讲解。

3.3.1　创作管理

创作管理是公众号后台常用的一个功能模块，其包含图文素材和多媒体素材两部分。在实际帐号运营时，会在图文素材中对需要推送的内容进行编辑，在多媒体素材中上传需要使用的图片、视频或音频素材。

点击“图文素材”即可来到素材创建界面，公众号后台支持“图文”“文字”“视频”“音频”“图片”和“转载”类型内容的创建，如图 3－10 所示。在实际运营过程中，“图文素材”是使用频率最高的，这里以图文素材为例，分析如何创建素材。

点击“图文消息”后进入图文消息内容编辑界面，界面左侧为消息封面和标题预览区域，如图 3－11 所示。

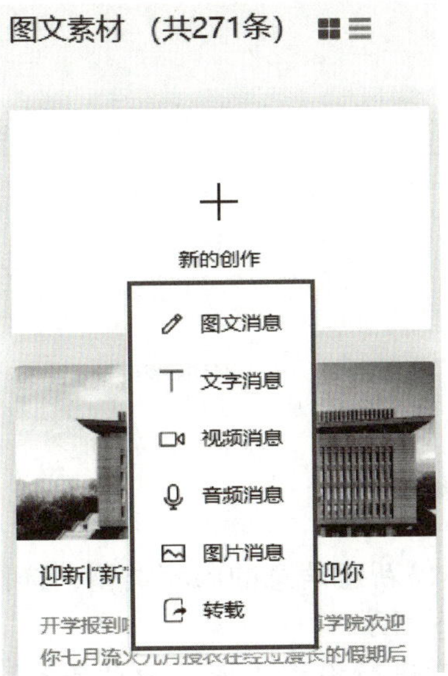

图 3－10　可以创建素材的类型

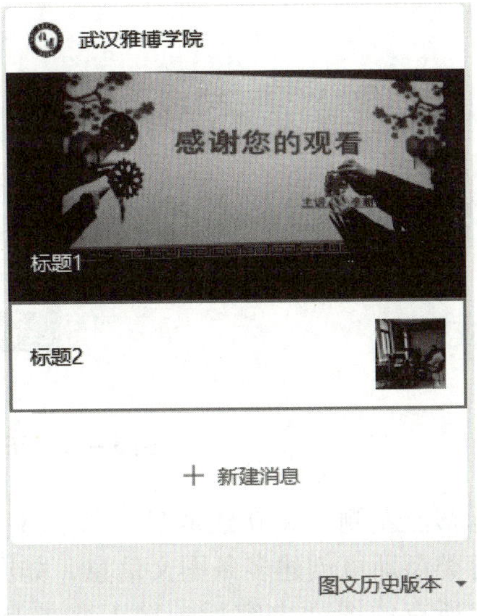

图 3－11　封面标题预览区域

中间为正文内容编辑区域，通过上方的功能模块可以向正文内容中插入音频、视频、小程序等内容，通过编辑器可以对正文内容进行排版，如图 3－12 所示。

图 3－12　正文内容编辑区域

将鼠标移至左侧“＋新建消息”按钮上，会弹出新建消息的内容类型，选择其中想要创建的内容类型即可创建多条图文信息，如图 3－13 所示。

创建完所有的图文内容后，接下来就是对文章进行设置，拖动滚动条到页面底部的“文章设置”板块，对文章的“封面”“摘要”“原创声明”等内容进行设置，如图 3－14 所示。

在进行文章设置时需要注意以下几点：

（1）图文封面会分两种情况进行展示，一种是将你的公众号设置为星标或者经常阅读你帐号内容的用户，这种用户看到的封面图尺寸比例是 2.35∶1，即封面图会以横图的形式展现；另一种则是其他用户，在其他用户订阅号的消息列表里，看到的封面图尺寸是 1∶1，如图 3－15 所示。

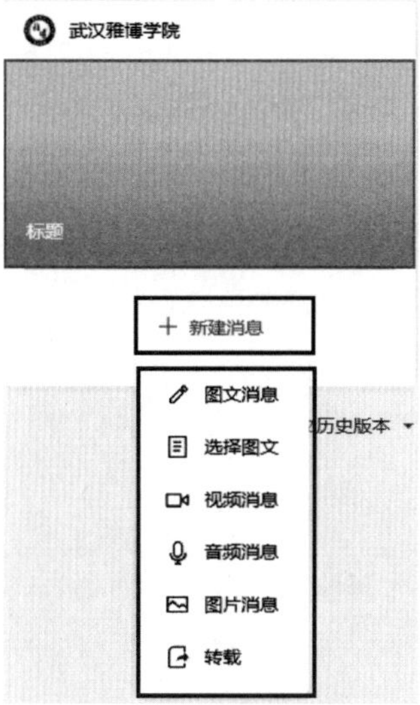

图 3－13　创建多条图文

图 3－14　文章设置板块

图 3－15　不同类型用户看到的封面图尺寸

因此，在制作封面图时尽量将重要的内容放置在图片中央区域，或者鼓励帐号粉丝将帐号设置为星标帐号。

（2）如果帐号文章是自己原创的，可以申请原创声明。申请了原创声明的文章，其他帐号在进行转载时，会自动替换成原文章内容，并自动为文章注明转载来源，如图 3－16 所示。

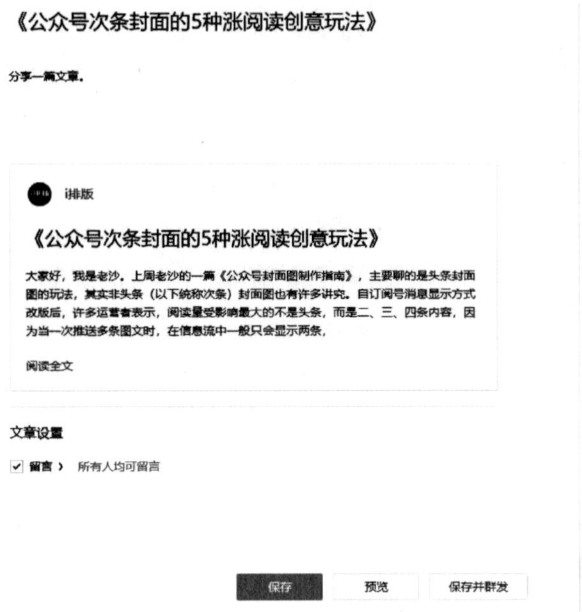

图 3－16　申请了原创声明的文章被转载的样式

除此之外，连续发表 3 篇及以上原创图文，可以邀请开通赞赏帐户，用于收取用户的打赏。

当所有信息都填写完毕后，可以点击“预览”按钮对创建好的文章在手机上进行预览，只有关注该帐号的粉丝才能对内容进行预览。

点击“多媒体素材”按钮可以进入多媒体素材管理界面，在该界面中点击右上角的“上传”按钮可以上传“图片”“视频”及“音频”素材，如图 3－17 所示。

图 3－17　多媒体素材管理界面

3.3.2　功能

在帐号创建的初期，在“功能”板块中常用的模块为“自动回复”和“自定义菜单”。

1. 自动回复

点击“功能”板块里的“自动回复”按钮，即可进入自动回复设置界面。从界面中可以看到自动回复板块分为“关键词回复”“收到消息回复”和“被关注回复”三块，如图 3－18 所示。

图 3－18　自动回复设置界面

通过设置“被关注回复”可以在用户刚关注帐号的时候，和用户进行互动，通过简单的关注回复可以向用户表示感谢或者引导用户进行下一步操作。

“关键词回复”可以指定某个关键词，当用户回复对应关键词的时候，系统会弹出对应的消息。关键词可以设置为某个活动的名称，例如：“双 11”，也可以设置为某一个消息合集的名称，例如：“配色技巧”。

除了指定的关键词，有时候用户也会向公众号发送一些自定义的消息，这个时候，如果公众号没有给用户相应的回复，会降低帐号的用户体验，给用户一个不好的对话体验。因此，在“收到消息回复”中可以设置一个通用的回复内容，无论用户发送什么内容，都能给用户一个反馈。一般在“收到消息回复”中可以设置客服联系方式，或者一个通用的温馨提示。

2. 自定义菜单

除了通过“自动回复”板块可以和用户进行互动外，还可以通过“自定义菜单”板块将帐号内容结构化地呈现给用户。点击“功能”菜单中的“自定义菜单”按钮，即可来到自定义菜单编辑界面，点击界面中的“＋添加菜单”按钮即可创建相应菜单，如图 3－19 所示。

图 3-19 添加自定义菜单

“自定义菜单”分为一级菜单和二级菜单，一共可以创建 3 个一级菜单，每个一级菜单里可以创建 5 个二级菜单，如图 3-20 所示。

图 3-20 一级菜单和二级菜单

单击相应菜单，在界面右侧可以输入菜单名称。在二级菜单中可以设置用户点击后回复的内容，回复内容类型包括“图文消息”“图片消息”“音视频消息”“跳转网页”“跳转小程序”等，如图 3－21 所示。

图 3－21　设置二级菜单回复内容

当公众号图文素材库中积累足够多的内容后，可以将内容进行分类，划分出来的分类就是一级菜单，每个分类里面的内容就是二级菜单。例如，一个做电商主题的公众号，一级菜单可以划分为“电商运营”“电商美工”和“电商推广”，“电商运营”菜单下的子菜单可以设置为“店铺定位”“活动运营”“用户运营”等，“电商美工”菜单下的子菜单可以设置为“Logo 制作”“轮播图制作”“详情页制作”等，“电商推广”菜单下的子菜单可以设置为“店铺 SEO”“店铺 SEM”“站外推广”等，如图 3－22 所示。

图 3－22　自定义菜单案例

自定义菜单中的内容是随着公众号运营时长和内容的增多而不断变化的，除了可以按照帐号内容的结构划分菜单结构外，还可以将帐号当前热门的活动添加到菜单中，提升用户的活跃度。

图 3－22　自定义菜单案例

3.3.3　小程序

小程序是时下一种比较热门和常用的免安装程序，依托于微信平台，通过“搜索”或者“扫一扫”小程序二维码，用户可以直接使用小程序。公众号运营者可以通过开发团队或者第三方工具实现小程序的制作，然后在公众号后台“小程序管理”中，可以将制作好的小程序和当前公众号进行关联，如图 3－23 所示。

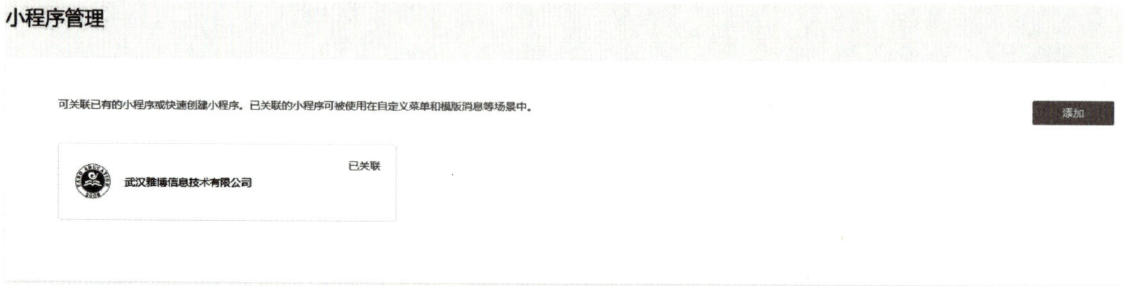

图 3－23　已关联的小程序

已关联的小程序可在自定义菜单和模板消息等场景中使用。

3.3.4　管理

“管理”模块主要实现对用户发送给公众号的消息和公众号粉丝进行管理。

1. 消息管理

点击“消息管理”可以看到最近五天用户发送的消息，如图 3－24 所示。

图 3－24　用户消息管理

点击后方“收藏消息”按钮可以对消息进行收藏，点击后方“快捷回复”按钮可对消息进行回复，如图 3－25 所示。

图 3－25　收藏和回复消息

2. 用户管理

点击“用户管理”可以查看已关注帐号的用户以及对用户进行分组、修改备注、添加标签等操作，如图 3－26 所示。

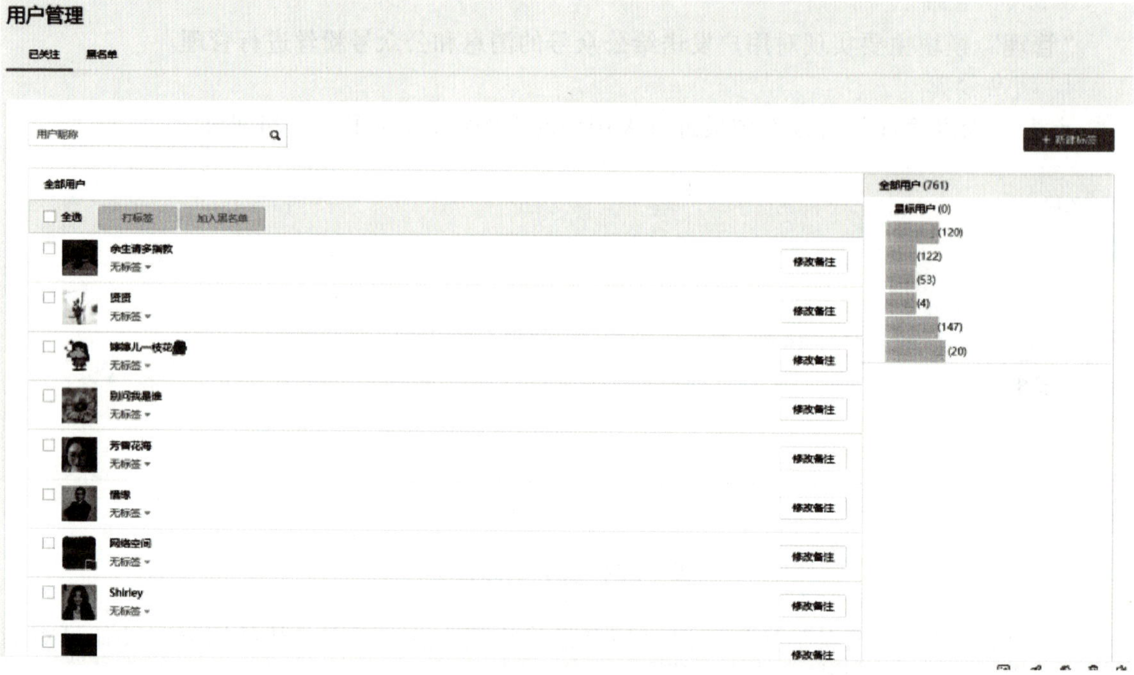

图 3－26　用户管理界面

点击右上角“新建标签”按钮可以创建标签分组，创建好标签后可以将用户添加到某标签分组里实现快速分组，后期推送内容时也可以选择分组进行推送。如果不希望某用户看到帐号内容，可以勾选该用户然后点击“加入黑名单”，即可将该用户列入黑名单。

3.3.5　推广

当公众号有了一定数量的粉丝后，可以开始考虑如何利用粉丝进行变现。推广板块中的“流量主”模块即是一种流量变现的方式，开通“流量主”功能后，公众号即可承接其他广告主在微信广告平台投放的广告内容，承接的广告会展现在公众号底部、正文内容中或者是视频播放结束后，如图 3－27 所示。

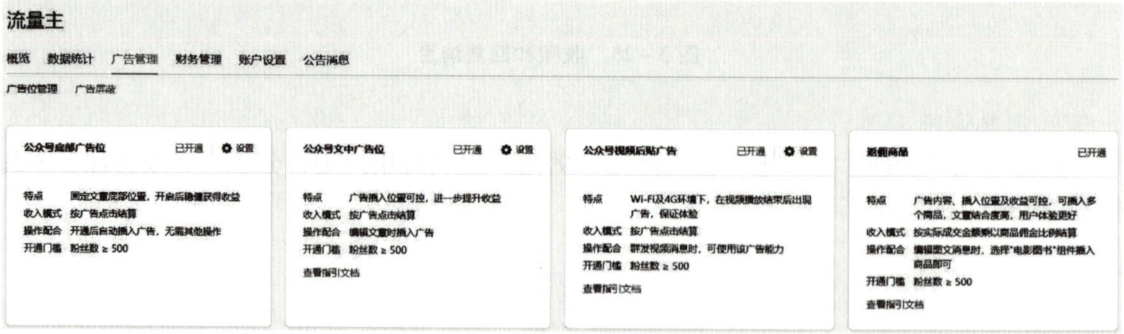

图 3－27　公众号流量主广告位

除了能够承接其他广告主投放的广告外，通过公众号后台的“广告主”和“返佣商品推广”模块也可以将自己的广告或者想要推广的商品投放到其他公众号上。开通“广告主”功能需要公众号已完成认证，开通“返佣商品推广”功能需要运营者是品牌商家或者拥有品牌一级授权的商家，并且通过微信认证和开通“广告主”功能。

3.3.6　统计

“统计”板块可以对公众号的数据进行整体的统计和概览，其中常用的功能包括“用户分析”“内容分析”“菜单分析”和“消息分析”。

1. 用户分析

点击“用户分析”按钮可以进入用户分析界面，如图 3－28 所示。

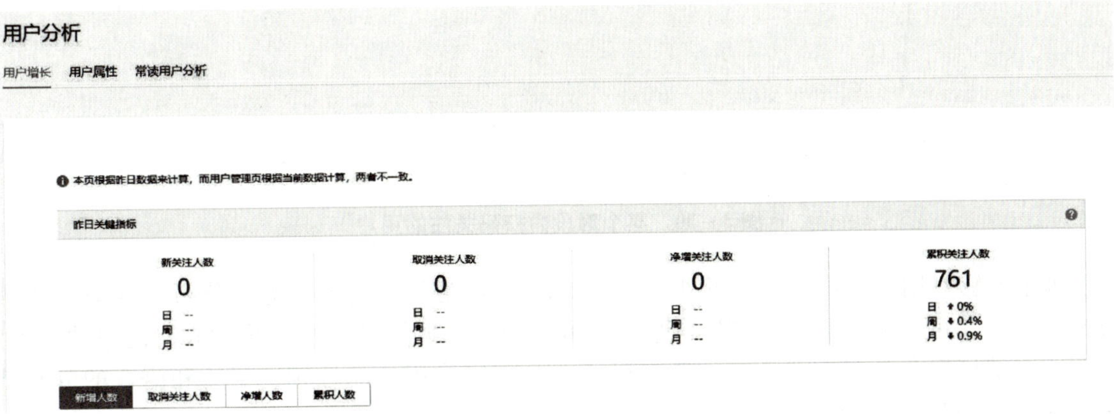

图 3－28　用户分析界面

在该界面中可以看到昨日“新关注人数”“取消关注人数”“净增关注人数”和“累积关注人数”四项指标。点击下方标签，还能看到不同时段“新增人数”“取消关注人数”“净增人数”和“累积人数”的趋势图，如图 3－29 所示。

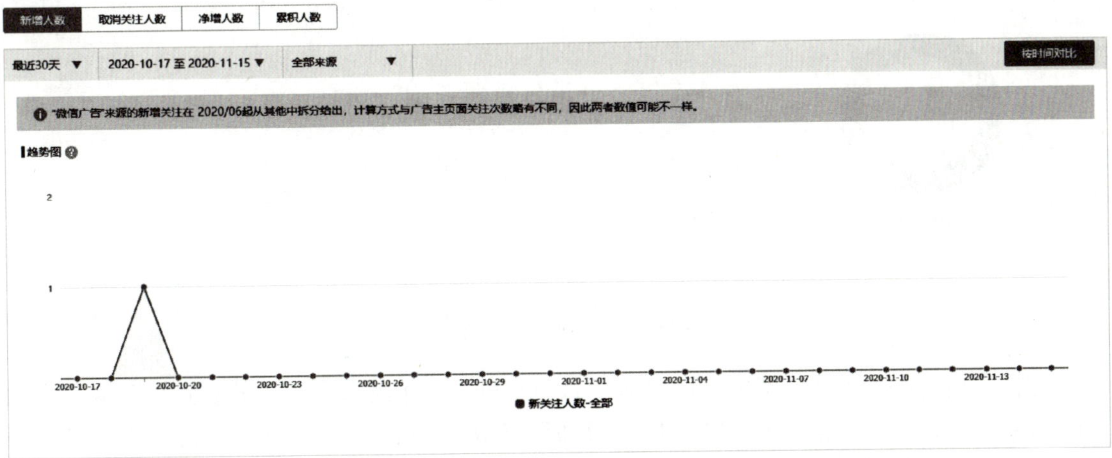

图 3－29　最近 30 天新增人数趋势图

除此之外，还能自定义时段和按照不同的来源进行查看，例如将全部来源设置为“扫码二维码”，即可看到在限定的时间段内通过扫码关注的用户，如图 3－30 所示。

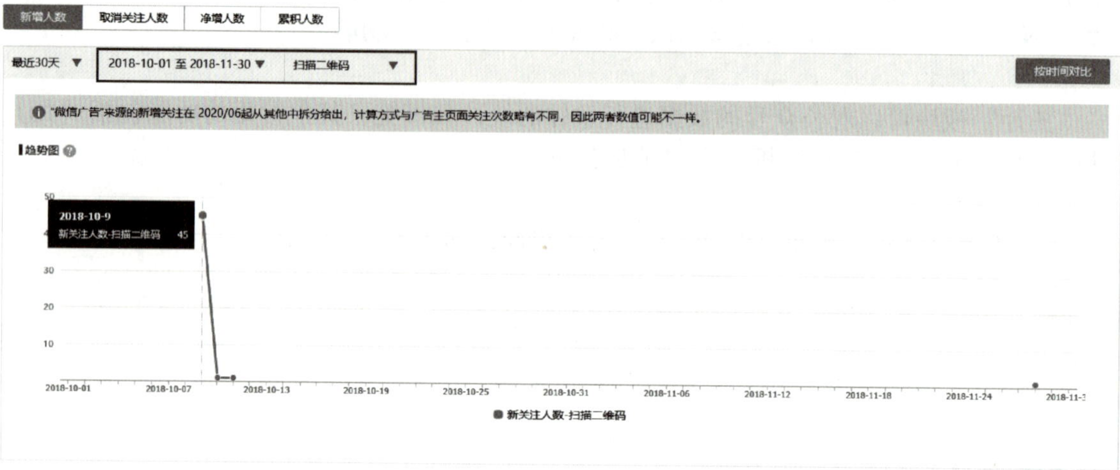

图 3－30　某个时段内扫码关注的用户

除了能够对用户增长进行分析外，还能对用户属性和常读用户进行分析。点击“用户属性”菜单，可以从“人口特征”“地域归属”和“访问设备”三个维度查看用户的属性。以“人口特征”为例，在“人口特征”里可以看到帐号用户的性别、年龄和语言的分布情况，如图 3－31 所示。

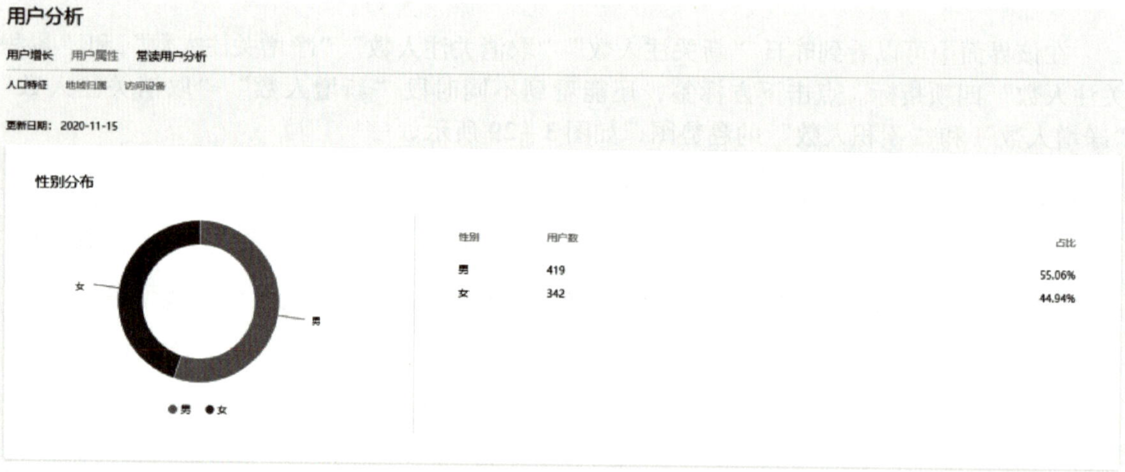

图 3－31　帐号用户属性

点击“常读用户分析”菜单，可以从“性别分布”“年龄分布”“城市分布”和“终端分布”四个维度查看数据情况。以“城市分布”为例，点击后可以查看限定时段内不同城市的用户占比情况，如图 3－32 所示。

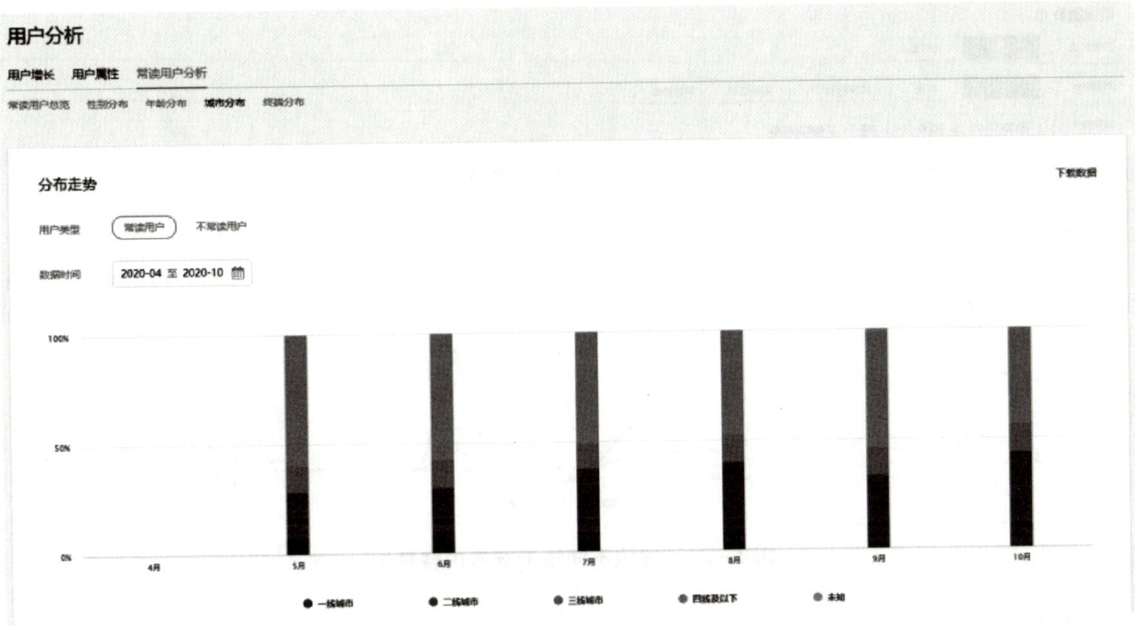

图 3－32　不同城市的用户占比

2. 内容分析

点击“内容分析”按钮可以进入内容分析界面，如图 3－33 所示。

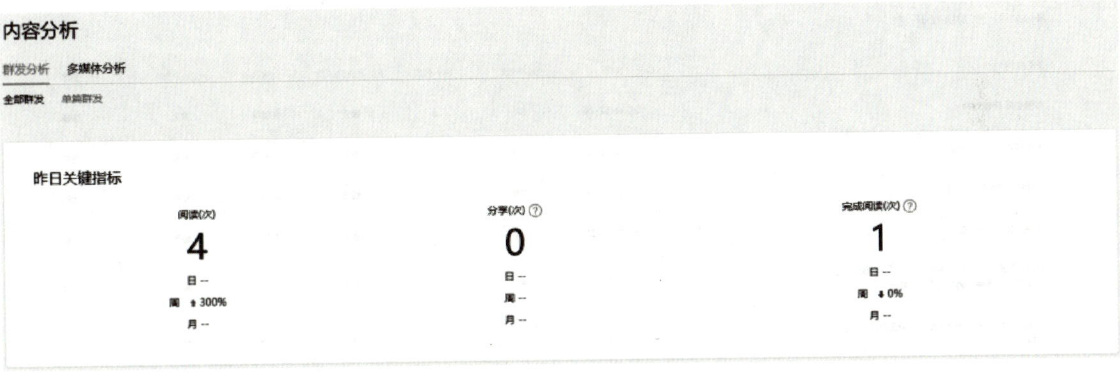

图 3－33　内容分析界面

在该页面中可以查看全部群发的相关数据，也能按照不同的“数据类型”“数据指标”“数据时间”和“传播渠道”对内容数据进行查看，如图 3－34 所示。

点击“单篇群发”可以查看帐号内某篇文章的相关情况，包括该文章的“发布时间”“阅读次数”“分享次数”“阅读后关注人数”“送达阅读率”“阅读完成率”六项指标，如图 3－35 所示。

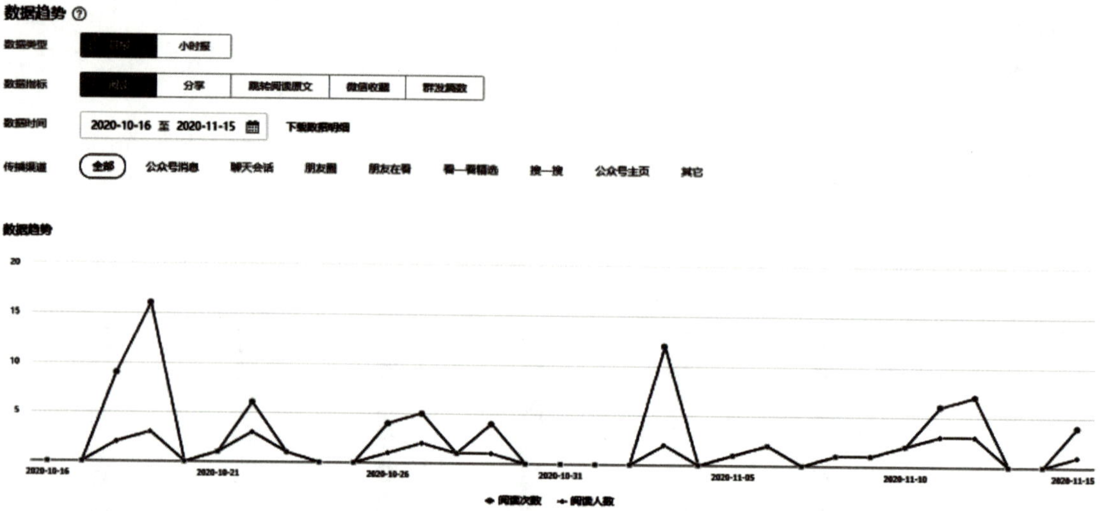

图 3－34 按照不同维度查看内容数据

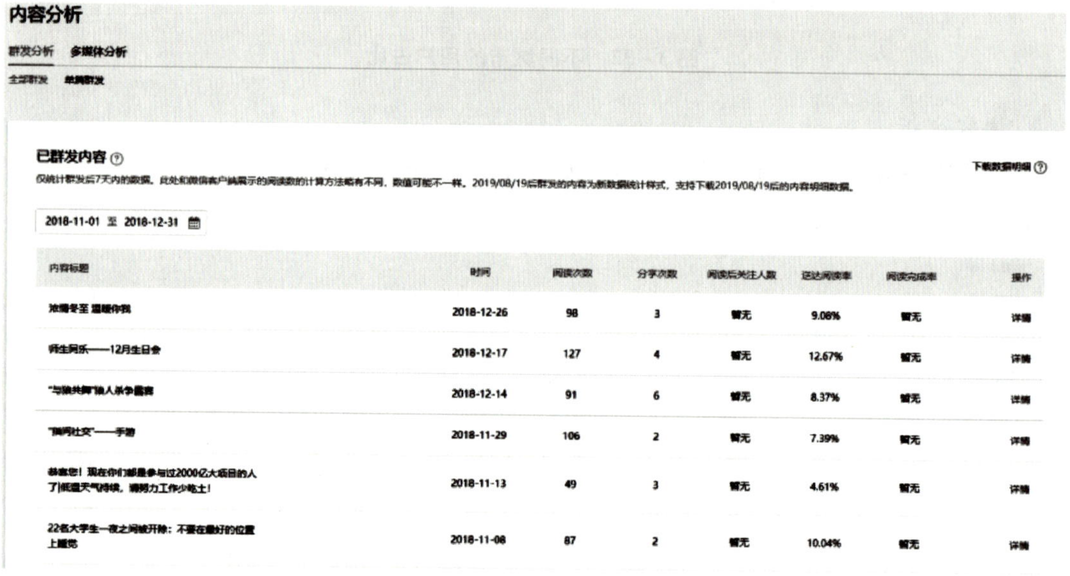

图 3－35 单篇群发数据

点击后方“详情”按钮可以查看单篇文章群发的具体情况，在详情页面中将单篇文章群发的情况按照“转化率”“趋势图”“用户分布”等维度进行数据统计，如图 3－36、3－37、3－38 所示。

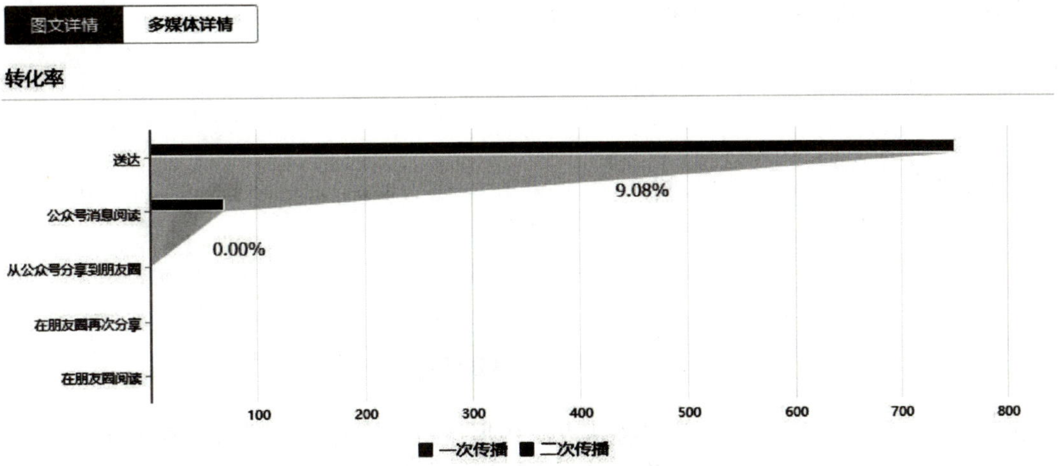

图 3 - 36　单篇文章转化率情况

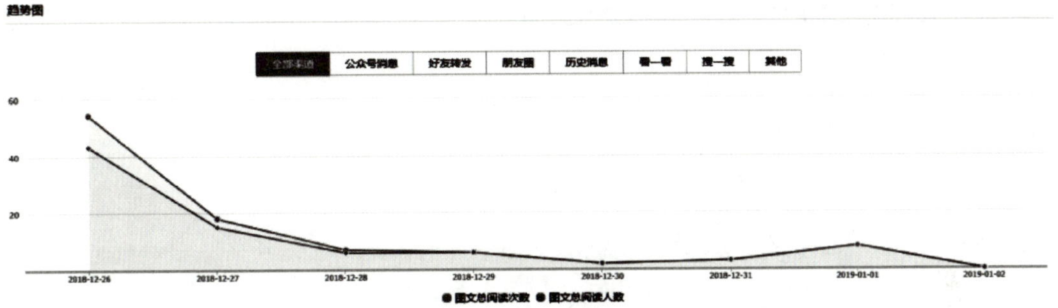

图 3 - 37　单篇文章后续趋势图

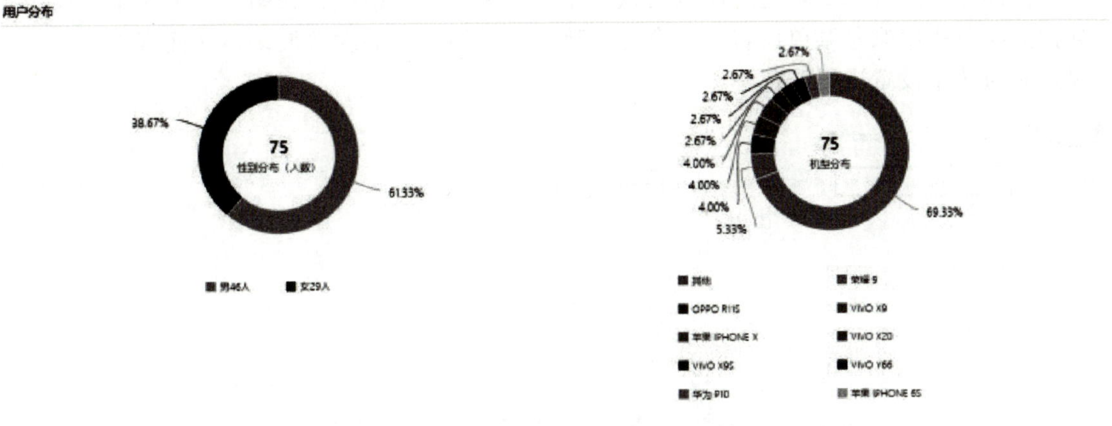

图 3 - 38　单篇文章用户分布数据

3. 菜单分析

点击“菜单分析”按钮可以进入菜单分析界面，如图 3－39 所示。

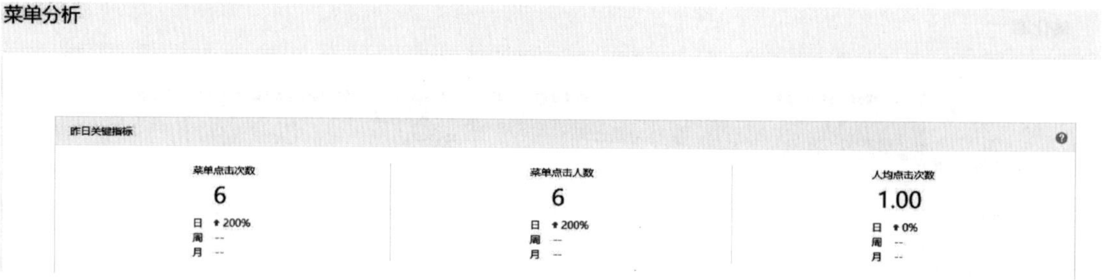

图 3－39　菜单分析界面

在该页面中可以看到公众号菜单整体点击数据概览，同时也支持筛选时段和选择某一个具体菜单目录查看不同时段和单个菜单的点击情况，如图 3－40 所示。

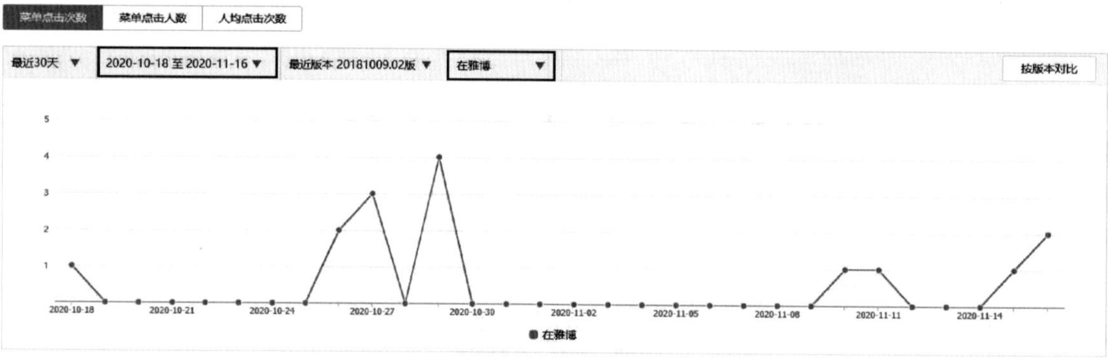

图 3－40　自定义时段查看单个菜单点击数据

在页面底部还提供了限定时段内公众号整体菜单的点击情况，如图 3－41 所示。通过查看数据能够分析出帐号菜单设置是否合理，哪个菜单被点击的次数最多，从而根据菜单点击情况适时对菜单设置进行调整。

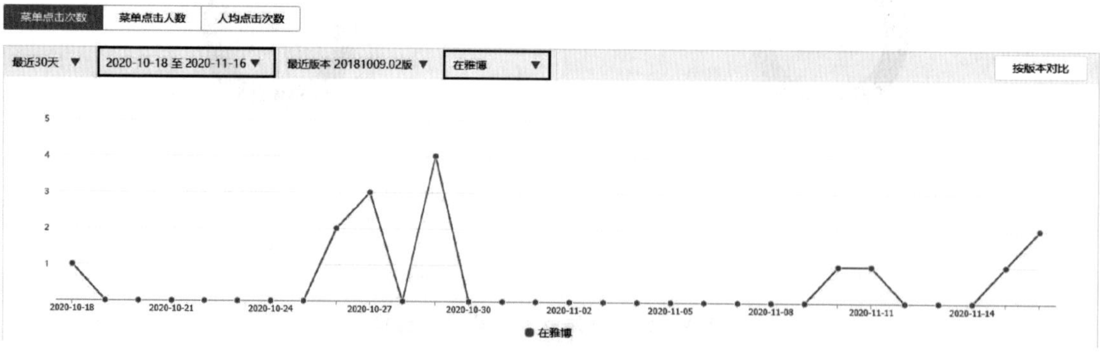

图 3－41　公众号菜单整体点击数据

4. 消息分析

点击“菜单分析”按钮可以进入消息分析界面，如图 3－42 所示。

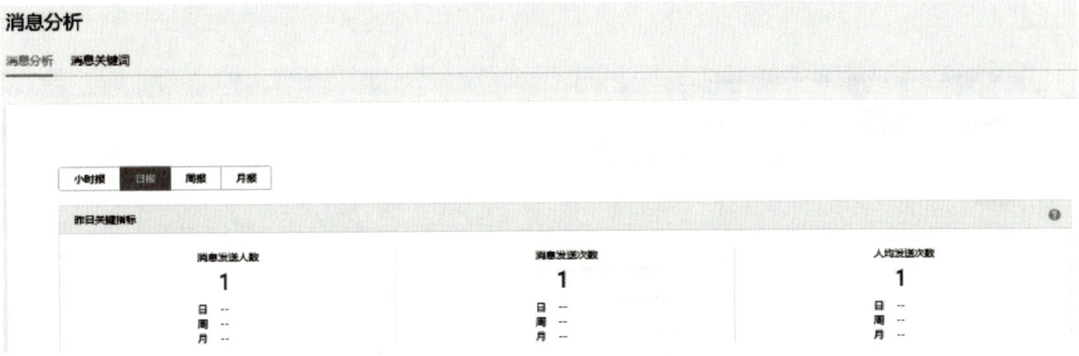

图 3－42　消息分析界面

在该页面中可以查看公众号昨日收到的消息数据和限定时段内帐号收到用户发送消息的情况。除了能够看到消息数据整体的情况，系统还对消息发送的次数和详细信息进行了统计，如图 3－43 所示。

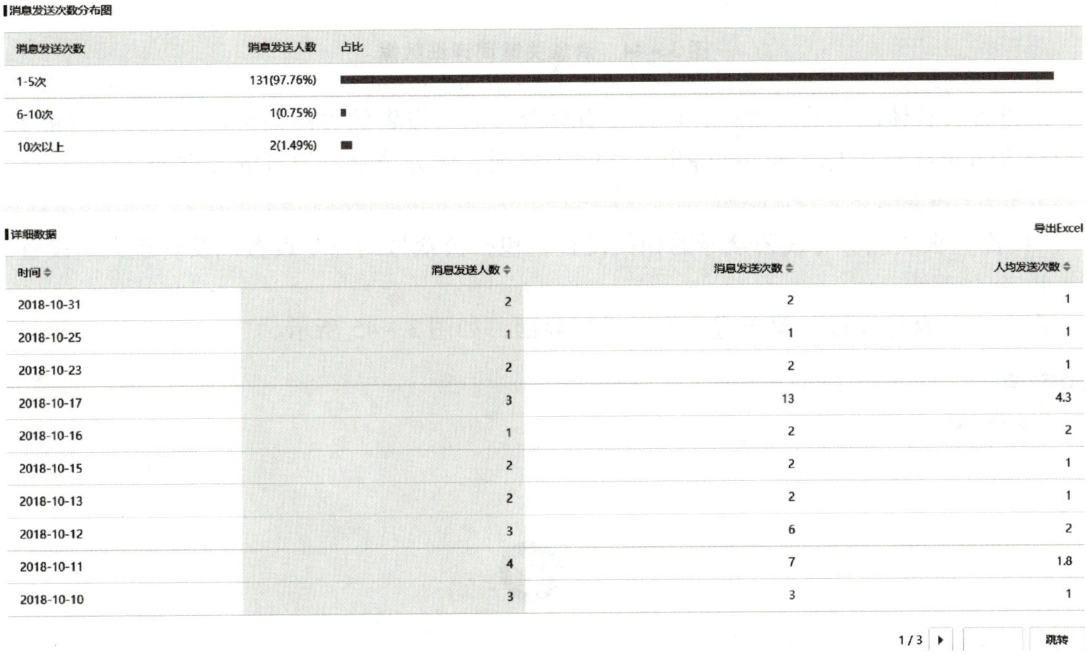

消息发送次数分布图

消息发送次数	消息发送人数	占比
1-5次	131(97.76%)	
6-10次	1(0.75%)	
10次以上	2(1.49%)	

详细数据　　导出Excel

时间	消息发送人数	消息发送次数	人均发送次数
2018-10-31	2	2	1
2018-10-25	1	1	1
2018-10-23	2	2	1
2018-10-17	3	13	4.3
2018-10-16	1	2	2
2018-10-15	2	2	1
2018-10-13	2	2	1
2018-10-12	3	6	2
2018-10-11	4	7	1.8
2018-10-10	3	3	1

1 / 3　跳转

图 3－43　公众号消息发送次数和详细数据统计

在实际运营帐号时，可以通过用户给公众号发送消息的次数来判断公众号内容对用户是否具有吸引力，公众号后台的关键词设置得是否合理。

除了能够看到用户给帐号发送消息的情况，还能查看用户输入的都是哪些关键词，点击界面中“消息关键词”按钮可以查看详细关键词数据，如图 3－44 所示。

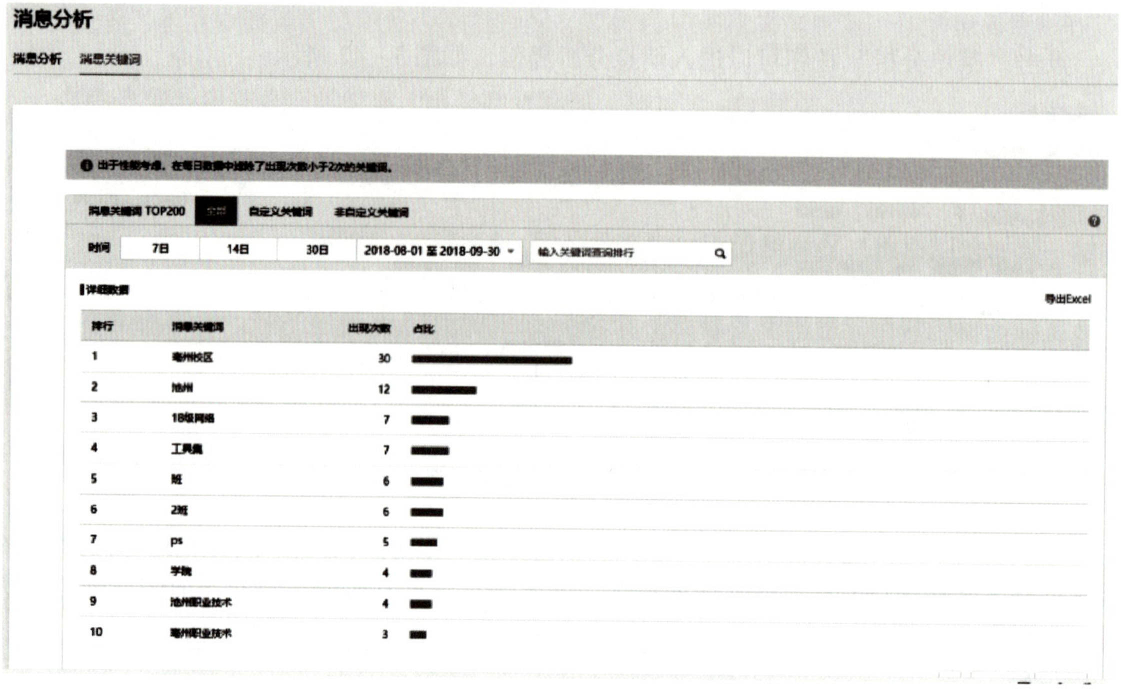

图 3－44 消息关键词详细数据

通过查看具体回复的关键词，可以查看公众号后台设置的关键词是否合理，并且能够从用户输入的非自定义关键词中提炼出共性的关键词，作为公众号设置的关键词。

3.3.7 设置

“设置”板块能够完成公众号的相关设置，包括公众号的基本设置以及管理人员设置。

1. 公众号设置

点击“公众号设置”菜单进入帐号设置界面，如图 3－45 所示。

图 3－45 公众号设置

在公众号设置界面中可以对“帐号详情”“功能设置”和“授权管理”进行设置。点击“帐号详情”按钮，在弹出的页面中可以设置公众号的头像、微信号、介绍等信息。其中微信号设置需要格外注意，如果设置错误需要修改，一个自然年内只能申请修改 1 次。微信号设置要尽量简短便于用户搜索，且与帐号主题或公司相关。

点击“功能设置”按钮，在弹出的页面中可以对公众号的隐私、图片水印和 JS 接口安全域名进行设置。

点击“授权管理”按钮，在弹出的页面中可以查看公众号授权的第三方平台，如图 3－46 所示。

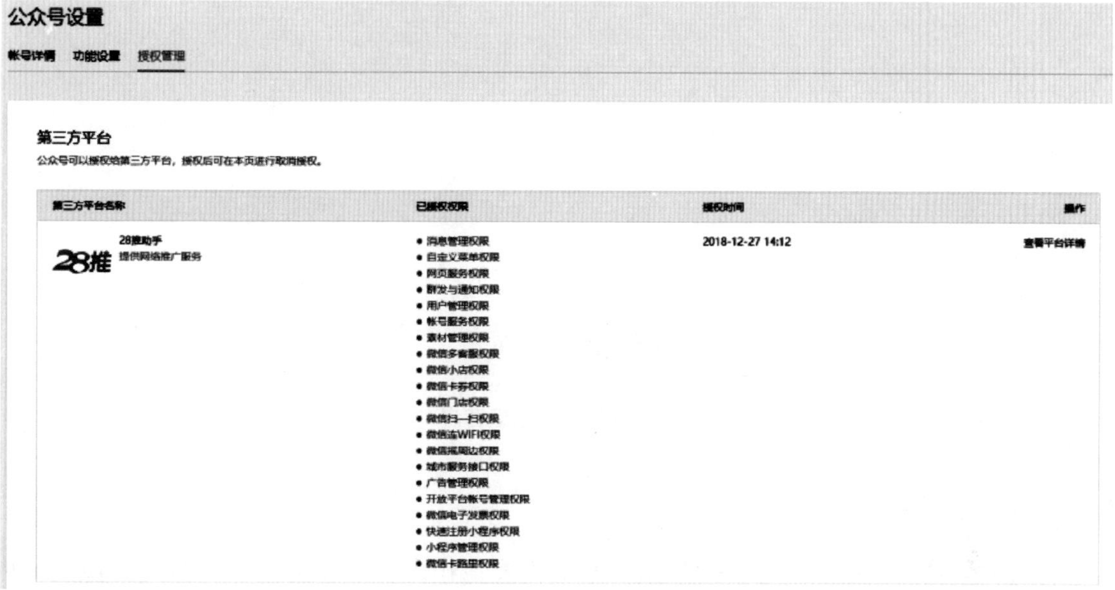

图 3－46　公众号授权的第三方平台

点击后方的“查看平台详情”按钮，可以进入平台详情页面，在页面底部可以对第三方平台取消授权。

2. 人员设置

如果公众号涉及多人管理，可以在“人员设置”中设置公众号的运营者。点击“人员设置”菜单，在弹出的页面中点击“绑定运营者微信号”按钮，可以添加帐号管理人员。在绑定运营者时可以设置相应的时长，时长分为长期和短期（一个月），如图 3－47 所示，一个公众号可以绑定 5 个长期运营者和 20 个短期运营者。

图 3－47　绑定运营者

3.4　公众号内容撰写

在实际运营公众号时，内容撰写是日常的主要工作内容。如何能够撰写出高质量的内容，并且能够吸引用户的阅读、点赞和转发，是每一个新媒体运营人员关注的重点。本节将从寻找内容灵感、文本标题编写和文章排版三方面进行分析。

1. 如何寻找内容灵感

撰写文章时，最怕的就是缺乏灵感，作为一名新媒体运营人员，要时刻关注当下的热点事件，多阅读同行以及行业相关的文章，平时要注意多积累素材和话题，只有这样，在撰写文章时，才不会缺乏灵感和话题。

这里推荐几个常用的寻找内容灵感的网站，在实际工作时适当地使用这些网站，能够提升自己的工作效率。

（1）百度风云榜。百度风云榜是一个老牌的新闻热点网站，依托于百度的搜索数据和技术，能够及时反馈当下互联网中的热点。网站分为实时热点、七日关注和行业热点，如图 3－48 所示。

图 3－48　百度搜索风云榜

网站中每条事件后都有相对应的搜索指数，通过指数可以看出事件的热度，并且网站还用上下箭头标明事件的走势。

（2）微博热门话题。微博作为一个 UGC 平台，很多热点事件都是在最近发生的，通过每条热点事件的阅读数可以看出该热点的热度和关注人数，如图 3－49 所示，所以作为新媒体运营人员，要根据自己帐号的主题关注相应微博帐号的内容。

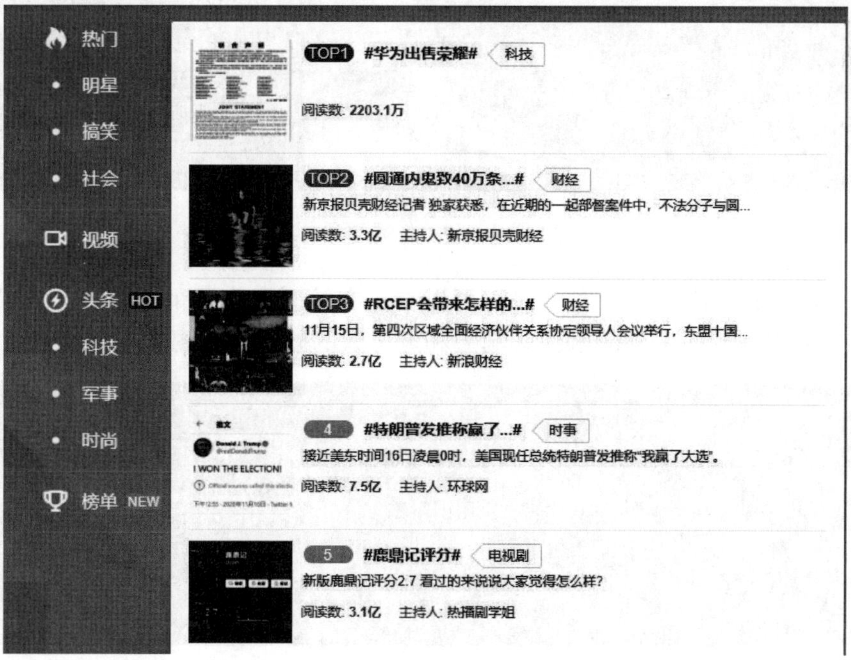

图 3－49　微博热门话题

知识加油站

UGC 是“User Generated Content（用户原创内容）”的缩写。在一些组织中也将其称作 UCC（User Created Content）。UGC 的概念最早起源于互联网领域，即用户将自己原创的内容通过互联网平台进行展示或者提供给其他用户。

（3）今日热榜。今日热榜聚合了当下热门平台的热点事件，实现了在一个平台上就能查阅所有主流平台上热点事件的功能。

除了按照平台划分热点外，今日热榜还按照不同的行业对热点进行划分，包含“科技”“娱乐”“社区”等板块，用户可以根据需求按分类查找热点事件。登录帐号后，还可以将自己感兴趣的热点事件添加到网站首页。

（4）知微事见。知微事见是一个通过走势图来分析和呈现当下热点的网站，在网站中不仅可以看到当下的热点事件，还能以小时为单位查看当下热点的走势，如图 3－50 所示。

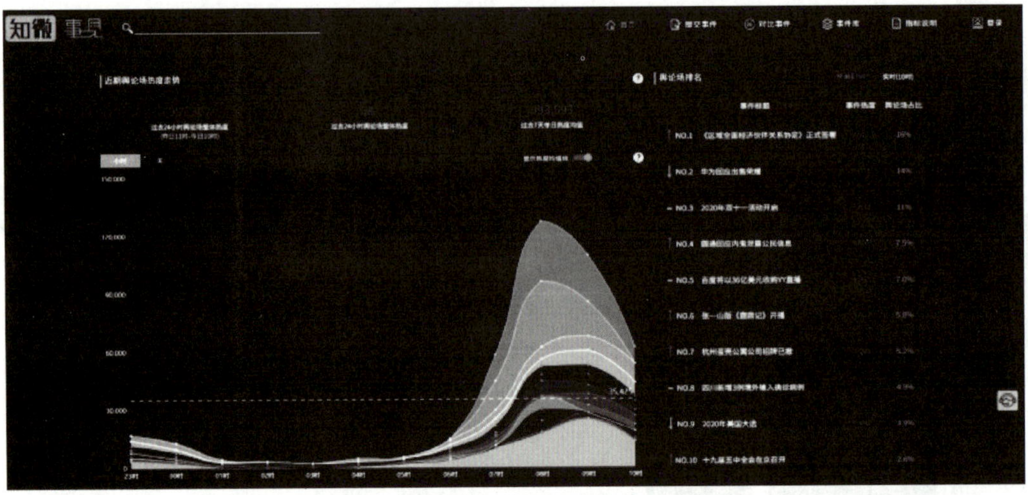

图 3－50　知微事见

当鼠标移动到趋势图上某一时段时，可以看到在该时段事件的热度。点击下方“近 30 天热点事件”可以看到该事件的事件影响力和近 7 天的趋势，如图 3－51 所示。

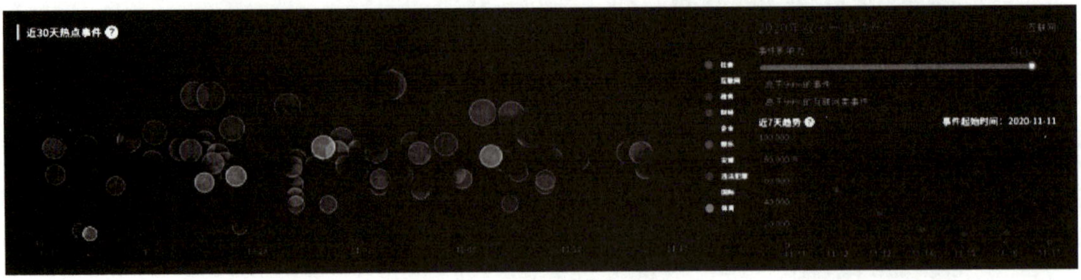

图 3－51　近 30 天热点事件

（5）营销日历。营销日历是新媒体管家旗下的一款按照时间线展示相应既定节日或事件的工具，在该工具中以天为单位列出了每天会发生的事件，如图 3－52 所示。

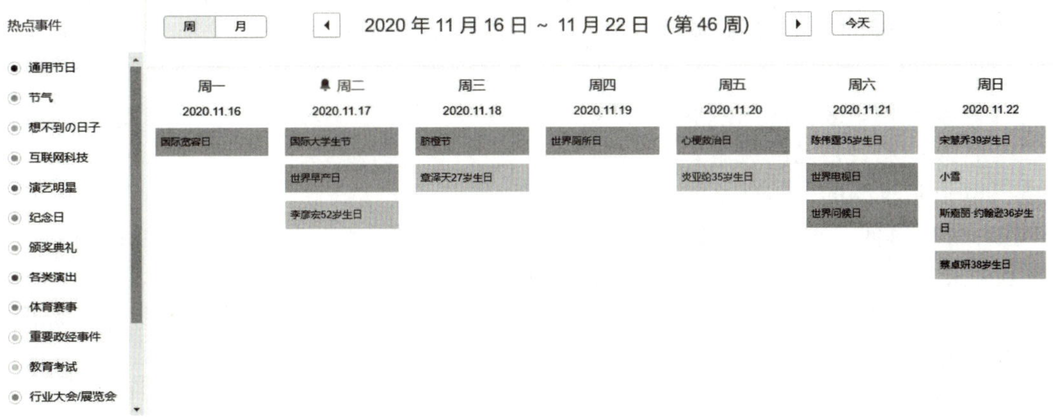

图 3－52　营销日历

点击上方的时间轴可以提前查看接下来会发生的事件，从而提早对热点进行布局，收集相关素材和案例。

2. 如何编写高点击率的文章标题

文章标题会影响一篇文章的打开率和阅读量，因此在撰写推文时需要围绕推文主题编写能够吸引用户点击的标题。一个有吸引力的文章标题往往包含以下几点：

① 懂用户，投其所好。

② 简洁、易懂。

③ 有反差、有对比。

④ 巧用排除法，引发好奇心。

⑤ 列痛点，引发共鸣。

⑥ 巧用数字，提升逼格。

⑦ 借大腿，增强说服力。

⑧ 内部资料，凸显稀缺性。

⑨ 讲一个故事，让用户感同身受。

那么在实际工作中到底该如何编写文章标题呢？下面推荐一些可以套用的标题模板，在实际编写时，根据文章主题和具体内容，对模板进行修改即可。

（1）好奇模板。主要原理是利用人的好奇心。这类模板适合干货类文章或者鸡汤文，告诉人们如何实现目标。

①《××××，不信你看？》

②《××××，做这几件事就够了》

③《××××的几个迹象》

④《如果××××，一定要注意这几点》

⑤《××××的表现，你占几个？》

例如：《成为一个精致的猪猪女孩，做这件事就够了》《精致女孩的几个表现，你占几个?》

（2）蹭热点模板。用名人名言、热点事件、电影名等，激发读者的阅读兴趣。此类标题需要作者有很好的创意和新闻敏感性！这类模板适合干货类或者抒发自己观点类型的文章。

①《××××令××××点赞（惊叹）的××××》

②《名人：发表自己的见解》

③《电影名改编的一些什么》

例如：《白百何：那些不安分的姑娘，后来都怎么样了》《那些年，虐过我们的上级》《五皇冠淘宝店运营秘籍，连马云都忍不住点赞的淘宝店运营秘籍》

（3）违反常识模板。与大部分人的思维想法相悖，反驳大众思维。在写此类标题时，先写出常人思维，然后进行反驳。

①《真正的××××，从来××××》

②《你那么××××，肯定××××》

③《那些年××××，最后一定》

④《懂得××××，才算××××》

例如：《真正的渣男，从来都是好下场》《你那么渣，婚姻肯定很幸福 》

（4）运用魔力词汇。魔力词汇，如“免费”“快速的”“秘密”“震惊”“难以置信”等，可以让人有点开文章细看的欲望。

例如：《震惊！美国总统看到后都惊呆了》《震惊！一女子竟然光天化日之下做这种事!》《职场新人必学的职场秘籍》

除了使用一些成熟的标题模板外，在实际工作中还需要多看“10W＋”爆文的标题，不断分析标题的结构和写法，然后不断模仿和尝试。

3. 如何排版能够提高文章的颜值

当标题能够吸引用户打开文章后，用户在文章页面的停留时长就要靠文章的排版了。一篇排版精美的文章不仅能够提升用户的阅读体验，还能便于用户获取相关信息。一篇排版精美的文章往往包含以下几点：

① 字号设置为14px或15px；

② 字间距设置为1倍或1.5倍；

③ 行间距设置为1.5倍或1.75倍；

④ 正文颜色为#4c4c4c；

⑤ 标注颜色为#888888；

⑥ 文章中配色不超过3种。

在实际工作时，除了遵循一些通用的排版技巧外，还要结合帐号目标用户和内容属性特点来确定自己的排版风格，同时可以使用编辑器实现一些特殊的排版样式，来增强用户的阅读体验，提升阅读的趣味性。

3.5 公众号推广

在公众号注册好且有一定数量的内容后，就要考虑帐号推广的问题了。推广的目的是提高帐号的曝光量，从而获取更多的粉丝，进而实现流量的变现。

3.5.1 免费推广

公众号免费推广的方式主要包括网络论坛发帖、软文投稿、官网推广、公众号互推、群推广、视频推广等。这节主要讲解论坛发帖和软文投稿两种推广方式。

知识加油站

网络论坛（Bulletin Board System）指的是一个和网络技术有关的网上交流场所。

软文相对于硬性广告而言，指由企业的市场策划人员或广告公司的文案人员来负责撰写的“文字广告”。

1. 论坛发帖

进行论坛发帖前，首先需要有论坛的帐号。因此，在正式发帖前，需要注册相关论坛的帐号，并且通过发帖、回帖等操作提升帐号的等级。

可以用搜索引擎指令快速找到目标论坛，例如，想要找到关于美食的论坛，可以使用“inurl：bbs 美食”进行搜索，搜索出的结果就都是关于美食的论坛，如图 3－53 所示。

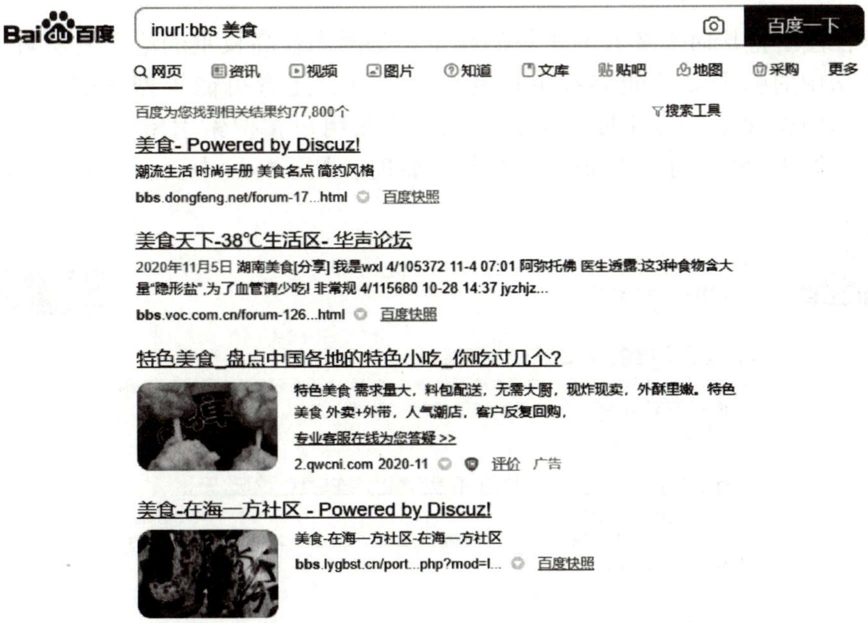

inurl:bbs 美食
百度一下
网页 资讯 视频 图片 知道 文库 贴吧 地图 采购 更多
百度为您找到相关结果约77,800个
搜索工具
美食- Powered by Discuz!
潮流生活 时尚手册 美食名点 简约风格
bbs.dongfeng.net/forum-17...html 百度快照
美食天下-38℃生活区- 华声论坛
2020年11月5日 湖南美食[分享] 我是wxl 4/105372 11-4 07:01 阿弥托佛 医生透露:这3种食物含大量"隐形盐",为了血管请少吃! 非常规 4/115680 10-28 14:37 jyzhjz...
bbs.voc.com.cn/forum-126...html 百度快照
特色美食_盘点中国各地的特色小吃_你吃过几个?
特色美食 需求量大，料包配送，无需大厨，现炸现卖，外酥里嫩。特色美食 外卖+外带，人气潮店，客户反复回购，
专业客服在线为您答疑 >>
2.qwcni.com 2020-11 评价 广告
美食-在海一方社区 - Powered by Discuz!
美食-在海一方社区-在海一方社区
bbs.lygbst.cn/port...php?mod=l... 百度快照

图 3－53 通过搜索引擎指令搜索

找到目标论坛资源后，还需要判断论坛的权重及活跃度。在搜索框中使用 site 指令可以查询论坛网站在搜索引擎中的收录数量，如图 3－54 所示。理论上来说，收录数量越多，网站权重越高。

调整查询时间限制，比如将查询时间限制为“一周内”，可以查询目标网站一周内被搜索引擎收录的页面数量。同理，收录的页面数量越多，说明网站在搜索引擎中的权重越高。

Bai百度
site:bbs.ph66.com
百度一下
网页
资讯
视频
图片
知道
文库
贴吧
地图
采购
更多
时间不限
所有网页和文件
bbs.ph66.com
×清除
bbs.ph66.com的站点信息
备案方：平湖在线网络传媒有限公司
该网站共有 321,243 个网页被百度收录
到搜索资源平台分析收录量>>
网站支持
链接提交
死链提交
流量与关键词
移动适配

图 3－54　通过 site 指令查询网站在搜索引擎中的收录数量

除了可以通过查询收录来判断论坛网站的权重外，还可以通过搜索某个关键词来判断权重。一般来说通过关键词搜索，能够排在搜索结果第一页的网站都是权重较高的网站，因此，如果搜索某个关键词，搜索结果第一页出现了相关的论坛网站，那么该论坛就是权重较高的网站。

之所以在注册论坛时需要判断论坛的权重，是因为在高权重的论坛上发帖，帖子更容易曝光。论坛中的帖子除了能够被论坛的用户看到，还有可能被搜索引擎的用户看到。如果帖子标题中包含用户可能搜索的关键词，那么用户在搜索引擎中搜索时，就有可能看到帖子，如图 3－55 所示。因此，在论坛发帖时，帖子标题中要包含用户可能会搜索的关键词。

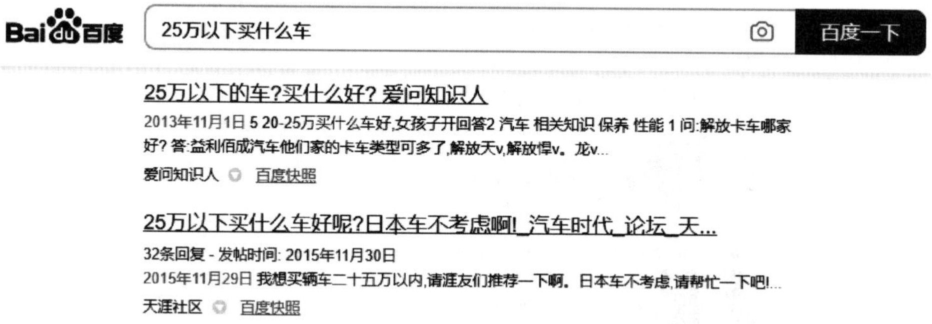
Bai百度
25万以下买什么车
百度一下
25万以下的车?买什么好? 爱问知识人
2013年11月1日 5 20-25万买什么车好,女孩子开回答2 汽车 相关知识 保养 性能 1 问:解放卡车哪家好? 答:益利佰成汽车他们家的卡车类型可多了,解放天v,解放悍v。龙v...
爱问知识人
百度快照
25万以下买什么车好呢?日本车不考虑啊!_汽车时代_论坛_天...
32条回复 - 发帖时间: 2015年11月30日
2015年11月29日 我想买辆车二十五万以内,请涯友们推荐一下啊。日本车不考虑,请帮忙一下吧!...
天涯社区
百度快照

图 3－55　通过搜索关键词查看论坛帖子

在论坛发帖时还需要注意论坛的活跃度，每个论坛中都有很多板块，不同的板块活跃度是不一样的，通过板块的今日发帖数量和最后发帖时间可以判断板块的活跃度，如图 3－56 所示。

板块的活跃度越高，说明该板块参与的用户越多，同时，板块内容更新得越频繁，板块里的内容被搜索引擎收录的概率就越大。

图 3－56　通过数据判断论坛板块的活跃度

2. 软文投稿

软文投稿是一种效率非常高的推广方式，在相关或者热门的网站上进行投稿，稿件中包含公众号的名称或微信号，如果稿件的质量较高，稿件就会被其他平台转载，推广的信息就会获得更多的曝光，如图 3－57 所示。

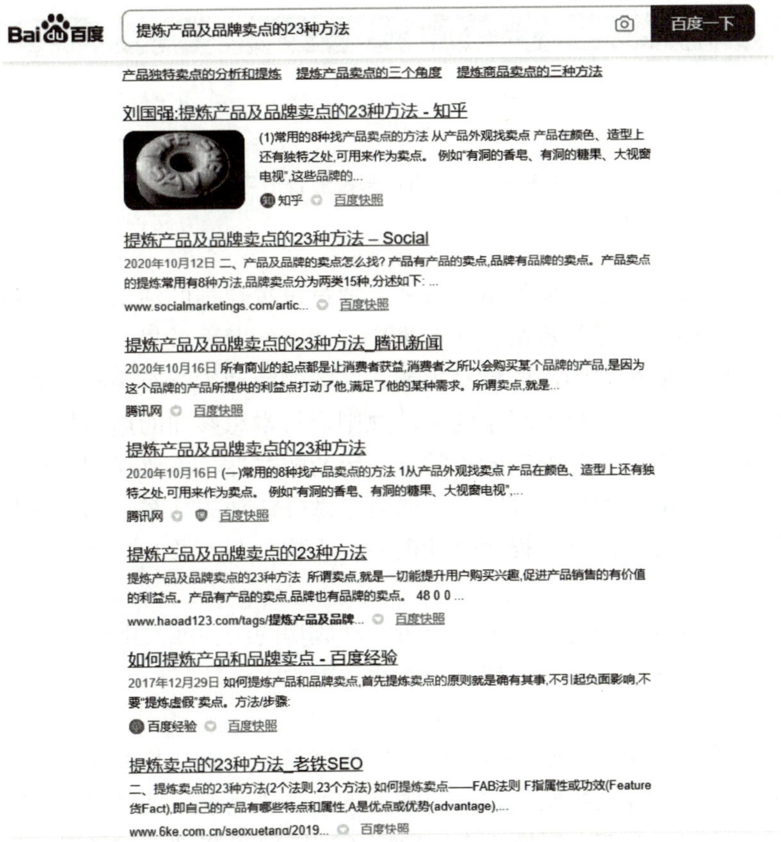

图 3－57　稿件被其他网站转载

在选择投稿网站时同样要注意判断网站的权重，判断方式与判断论坛网站权重一样。除了权重，还需要判断投稿网站的文章转载量以及被搜索引擎收录的情况，前期选择高权重的网站进行投稿，投稿后记录稿件发布的时间、投稿平台、稿件链接，一周后在各大搜索引擎输入稿件链接，查看稿件是否被收录，同时在搜索框中输入文章标题，查看是否有其他平台转载了稿件，记录不同投稿平台稿件被转载的情况，通过不断迭代的方式，筛选出文章收录数量快和转载量高的平台。

3.5.2 付费推广

付费推广是一种重要的推广方式，相较于免费推广，付费推广能够迅速占领市场，并通过定向技术实现对粉丝的筛选，从而提高粉丝的精准度。本节主要讲解腾讯广告、活动推广及裂变宝三种推广方式。

1. 腾讯广告

腾讯广告作为官方的付费推广渠道，自然会成为推广时的首选。依托于腾讯海量的用户流量，配合精准的定向技术，能够实现将推广的内容展现在精准的用户面前。同时，还可以根据推广数据，实时对推广创意、帐户设置进行调整。腾讯广告投放管理平台如图 3－58 所示。

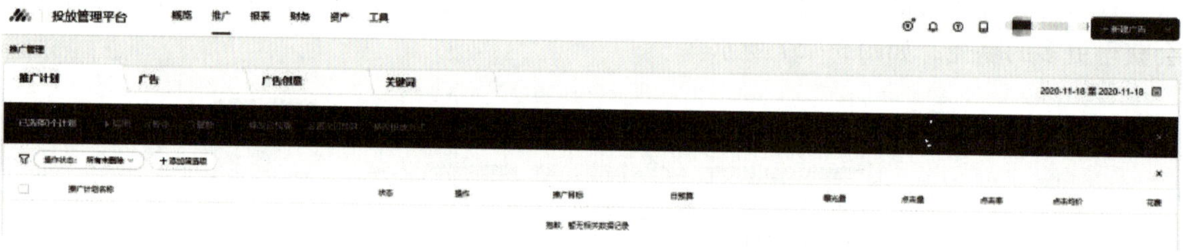

图 3－58 腾讯广告投放管理平台

2. 活动推广

活动推广是一种趣味性比较强的推广方式，通过设置合理的活动规则，配合新颖的活动形式，往往能够激发用户的参与热情，达到推广和增粉的双重效果。

开展活动推广时需要设立明确的活动主题，一般的活动主题有满减、满返、满赠等。活动规则相对来说要比较简单，过于复杂的活动规则会将本想参加的用户拒之门外。活动奖品要有足够的吸引力，但是又要和推广的目的有一定的相关性，不要让用户仅仅是为了获得奖品才来参与活动。活动的流程要清楚明了，同时要做好活动的预案，当出现特殊情况或紧急情况时，要能够从容应对。活动过程要公开透明，奖项公布要及时，活动开展的频次不宜过于频繁。

活动结束后要及时对活动进行复盘，分析活动成功的经验或失败的原因，对活动数据进行整体统计，总结经验并把经验运用到下一次活动中去。

3. 裂变宝

裂变宝是基于微信朋友圈裂变式传播推广的营销工具，通过奖励式分享传播，快速帮助商家进行品牌推广及增长有效粉丝。如我们常见的朋友圈海报，上面有自己的专属二维码，朋友通过扫码给自己助力增加人气值，人气值够了就能获得奖励，如资料、课程、书籍或其他实物奖品等。裂变宝推广过程如图 3－59 所示。

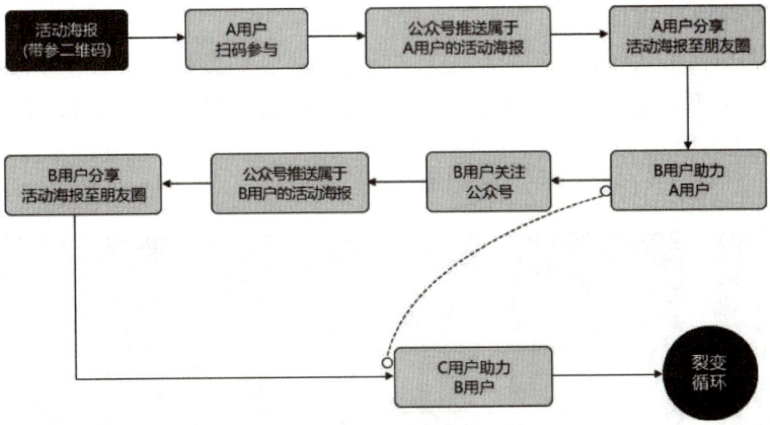

图 3－59　裂变宝推广过程

在使用裂变宝推广方式时，需要注意帐号的推广目的，是为了增粉还是曝光。结合推广目的设置合理的任务和奖品，同时关注获取粉丝的质量和留存率，从而判断推广的效果。

3.6　粉丝互动及维护

通过前期不断撰写内容和帐号推广，会积累一批粉丝。当帐号有一定数量的粉丝后，就需要和粉丝进行互动和维护。常见的和粉丝互动的方式有以下 5 种：

1. 利用自动回复和粉丝互动

自动回复是公众号使用频率非常高的一个功能，通过设置合适的被关注回复和关键词回复，能够很好地和粉丝进行互动，帮助粉丝了解公众号的功能及内容，如图 3－60 所示。

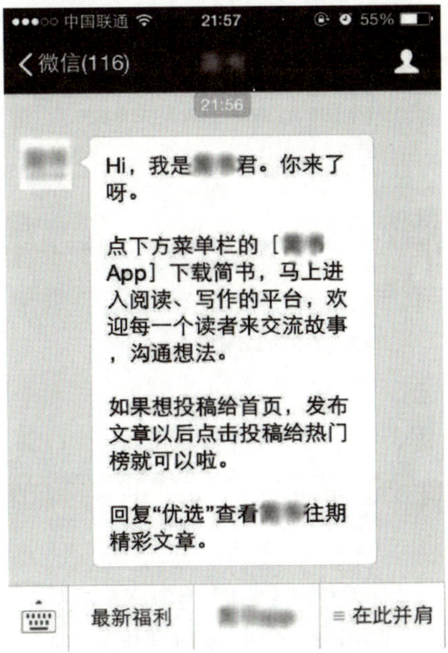

图 3－60　利用被关注回复与粉丝互动

2. 定期开展活动与粉丝互动

和粉丝互动最好的方式就是和粉丝玩起来，定期开展不同类型的活动能够有效提升帐号粉丝的活跃度。利用线上工具完成活动的制作，粉丝点击链接或者扫码就能参与，如图 3-61 所示。

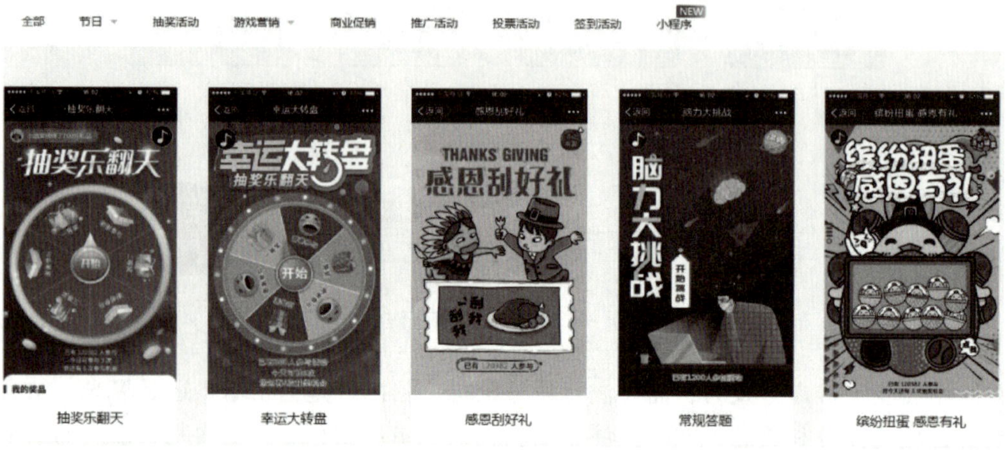
全部
节日
抽奖活动
游戏营销
商业促销
推广活动
投票活动
签到活动
NEW
小程序
抽奖乐翻天
幸运大转盘
THANKS GIVING
感恩刮好礼
脑力大挑战
缤纷扭蛋感恩有礼
抽奖乐翻天
幸运大转盘
感恩刮好礼
常规答题
缤纷扭蛋 感恩有礼

图 3-61　创建线上活动

3. 及时回复留言与粉丝互动

有时候粉丝会在帐号后台留言，运营人员在看到留言后要及时进行回复，回复时不要过于官方，需要注意说话的方式和语气，不要让用户觉得自己在和机器人对话，图 3-62 即为运营人员通过回复粉丝留言与粉丝互动的截图。

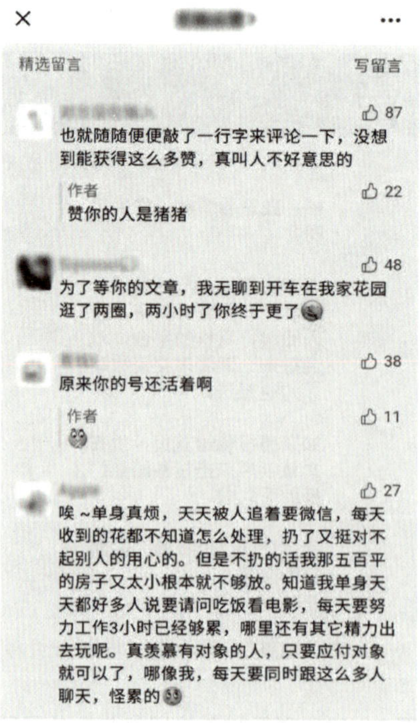
精选留言
写留言
87
也就随随便便敲了一行字来评论一下，没想到能获得这么多赞，真叫人不好意思的
作者
22
赞你的人是猪猪
48
为了等你的文章，我无聊到开车在我家花园逛了两圈，两小时了你终于更了
38
原来你的号还活着啊
作者
11
27
唉～单身真烦，天天被人追着要微信，每天收到的花都不知道怎么处理，扔了又挺对不起别人的用心的。但是不扔的话我那五百平的房子又太小根本就不够放。知道我单身天天都好多人说要请问吃饭看电影，每天要努力工作3小时已经够累，哪里还有其它精力出去玩呢。真羡慕有对象的人，只要应付对象就可以了，哪像我，每天要同时跟这么多人聊天，怪累的

图 3-62　通过留言与粉丝互动

4. 创建专属社区与粉丝互动

对于没有留言功能的帐号，可以搭建相应的论坛或者群来和粉丝互动。安排专门的工作人员对论坛或者群进行管理，不定期在论坛或群里发放福利，同时，认证听取和总结粉丝反馈的问题和意见，及时进行解决与跟进。对于表现积极的粉丝，可以将其设为版主或者管理员。

5. 利用线上直播与粉丝互动

直播是现在一种常见的互动模式，当公众号拥有特定的人设时，可以使用这种方式与粉丝互动。定期开展线上直播，直播内容可以是围绕粉丝提出的问题在线进行解决，也可以是传授某方面的知识。

3.7 公众号活动策划

活动策划是常见的运营手段，通过举办一场活动，可以达到拉新、促活或曝光的目的。常见的公众号活动形式有留言回复有礼、晒照有礼、口令发红包、幸运大抽奖、互动游戏、投票/评比活动、有奖调研/问答活动等。不同的活动形式适合不同的活动目的和用户，实际操作时需要根据实际情况进行选择。

1. 留言回复有礼

留言回复有礼是最常见也是最简单的一种活动形式，根据当下热点、近期活动、节日庆典等，准备一个话题，让用户在活动时间内到图文的留言区进行回复，进而随机筛选或者按照点赞数等规则选取中奖用户。

这种活动形式简单易行、用户参与度高，可控性强，一般用来促活。需要注意的是，选出的话题要有一定的互动性，否则极易造成冷场。

2. 口令发红包

口令发红包是有效聚集人气的手段，通过提前预告，然后在活动周期的某个整点公布红包口令，用户收到红包口令后，通过微信回复相应的红包口令，或者去支付宝口令红包中输入口令内容，即可获得红包。

这种活动形式能在短时间内聚集大量的人气，一般用来曝光。需要注意的是，要对活动参与对象设置基本的门槛，比如关注了公众号的用户才能参与，不然很容易“赔了夫人又折兵”。

3. 幸运大抽奖

幸运大抽奖是回馈用户的常见手段。活动期间，用户完成指定要求，或指定类型的用户，通过公众平台进入活动页面即可进行抽奖，有机会获得奖品。常见的活动形式有大转盘、九宫格、砸金蛋、刮刮乐等，如图 3－63 所示。

这种活动形式一般是为了促活，在设置奖项时，建议除了大奖，设置更多丰富的小奖，以保证更多用户都可以参与或者中奖，以加强用户与平台之间的关联。

图 3－63 幸运大转盘

4. 互动游戏

现在，有不少平台提供免费的互动游戏的接口。这些小游戏通常与一些流行过的单机版游戏类似，比如连连看、消消乐、切水果、跑酷、摇钱树甚至斗地主、打麻将等，如图 3－64 所示。用户可以通过小小的游戏比赛，既获得娱乐的乐趣，同时又赢取奖励。

图 3－64 疯狂消消乐

这种活动形式趣味性较强，用户参与度较高，可以用来促活。

5. 投票/评比活动

活动形式一般是比赛制，通过设立大奖，吸引用户进行报名，然后进行微信公众号内拉票，根据最终票数或者报名内容等决定中奖者。

在公众号中，最常见的投票活动一般是萌宠比赛、孩子作品比赛、员工工作评比比赛等，有利益驱使，有人情做保，有虚荣心作为支撑，投票活动只要利用好了这些要素，基本上活动效果都会不错。

这种活动形式主要来用拉新，因此在活动设置时，需要设置“关注公众号后才能投票”的投票条件。

在策划活动时，需明确活动的目的，从而确定活动的主题，根据活动的主题确定活动的参与对象，根据参与对象确定活动开展的形式。活动正式开始前，要对活动进行宣传、造势和预热，并且要准备好相应的活动物料和奖品。活动真正开始时，要密切观察活动发展的轨迹，当活动出现不理想的状况时，要根据预案及时进行调整。

3.8 公众号数据统计及分析

做运营就离不开数据分析，运营公众号也不例外。数据是运营者的眼睛，通过分析数据才能发现帐号运营过程中存在的问题，并及时进行调整。所有的决策都是建立在数据分析基础之上的，不分析数据就做出的决定，往往是盲目的。

下面对运营公众号需要分析的数据指标和意义进行简单介绍。

3.8.1 用户数据指标

1. 新关注人数

新关注人数即新关注的去重用户数，用来衡量帐号推广和活动运营的效果，及内容质量的好坏。帐号推广和活动运营的效果越好，新关注的人数就越多。帐号内容越吸引用户，带来的关注数量就越多。

2. 取消关注人数

取消关注人数即取消关注的去重用户数，用来衡量帐号内容质量的好坏。通过各种拉新方式获取的粉丝能否留存在帐号中，主要还是受帐号内容质量的影响。如果粉丝在帐号内容中找不到自己想要的内容，就会对帐号取关。

3. 净增关注人数

净增关注人数即净增长的去重关注用户数，净增关注人数越多，说明帐号推广带来的粉丝比较精准，还说明帐号里的内容能够解决用户的需求，帐号用户留存率较高。反之，则说明推广带来的粉丝不精准，或内容不能解决用户的需求，这时运营人员就要适当做出调整。

4. 累积关注人数

累积关注人数即当前关注的用户总数，是一个数量指标，用来表示帐号所有推广渠道获取粉丝数量的总合。

3.8.2 内容数据指标

1. 阅读（次）

阅读次数，即文章被用户浏览的次数，阅读次数越多说明文章标题写得较好，能够吸引用户点击。

2. 分享（次）

分享次数，即用户转发或分享到好友会话、群聊、朋友圈及点击朋友在看的次数，分享次数越多说明文章质量较高，内容能够得到用户的认可，内容能够和用户产生共鸣。

3. 完成阅读（次）

完成阅读的次数，即用户滑动到图文消息底部的次数，完成阅读次数越多说明文章内容质量较高，对用户有较强的吸引力。如果公众号内容完成阅读次数偏低，则可能是文章的行文逻辑、排版等出现了问题。

用户数据和内容数据是公众号运营时需要经常分析的数据指标。除此之外，有时还需要分析菜单数据、推广平台的数据以及竞争对手的数据。

通过分析菜单的“菜单点击次数”“菜单点击人数”和“人均点击次数”三个指标，可以判断“帐号菜单设置是否合理、菜单内容对用户是否有用、用户主要的需求是什么”。

通过分析推广平台数据，可以判断哪些平台带来的流量比较精准，进而找出这些平台存在的共性，加大推广力度。对于能够带来粉丝关注，但是粉丝关注后留存率较低的平台，需要分析是在平台中投放的内容有问题，还是平台的属性与帐号的属性不符，并及时做出调整。

通过分析竞争对手的数据，可以查看竞争对手都在哪些平台进行推广、帐号发文频率是什么样的、推文形式主要是什么类型、阅读量和转发量高的文章都具有什么样的特征等，从而对自己帐号的运营策略做出适当的调整。

数据分析是一个周期性的工作，进行数据分析时要保证数据源是真实且有效的，并且数据样本要足够多。分析数据时要做好分析结果的总结，当数据出现波动时不要立马做出调整，要分析是外因还是内因导致数据波动，有时可能是因为大的环境或者某个热点事件导致数据出现波动。

实战演练

一、单项选择题

1. 下列各项中，公众号封面图尺寸比例通常是（　　）。

A. 2.35∶1　　B. 1∶2.35　　C. 1.75∶1　　D. 1∶1.75

2. 一般情况下，可以通过（　　）入口对公众号的粉丝进行管理。

A. 用户管理　　B. 帐号设置　　C. 粉丝管理　　D. 用户分析

3. 下列各项中，可以对公众号的流量进行变现的方式是（　　）。

A. 广告主　　B. 广告变现　　C. 流量主　　D. 流量变现

4. 下列各项中，通过（　　）入口可以查看公众号净增关注人数。

A. 关注分析　　B. 净关注分析

C. 用户关注分析　　D. 用户分析

5. 下列各项中，通过（　　）入口可以查看公众号文章被用户分享的次数。

A. 菜单分析　　B. 内容分析　　C. 消息分析　　D. 分享分析

二、多项选择题

1. 下列各项中，发布公众号文章时需要填写的内容有（　　）。

A. 标题　　B. 正文内容　　C. 封面　　D. 摘要

2. 下列各项中，公众号支持的消息类型有（　　）。

A. 图文消息　　B. 文字消息　　C. 视频消息　　D. 音频消息

3. 下列各项中，可以在公众号正文内容中插入的内容有（　　）。

A. 图片　　B. 视频　　C. 音频　　D. 小程序

4. 下列各项中，公众号支持的自动回复类型有（　　）。

A. 关键词回复　　B. 新用户回复

C. 收到消息回复　　D. 被关注回复

5. 下列各项中，可以作为用户点击菜单后的回复内容有（　　）。

A. 图文消息　　B. 图片消息　　C. 跳转网页　　D. 跳转小程序

三、判断题

1. 个人主体可以注册多个公众号。（　　）
2. 公众号名称最好与帐号主题相关。（　　）
3. 在公众号设置中，微信号一个自然年内只能申请修改 1 次。（　　）
4. 个人身份主体注册的公众号可以进行认证。（　　）
5. 在公众号“自定义菜单”中可以创建 5 个一级菜单。（　　）

四、问答题

1. 请解释运营公众号时为什么要对公众号进行定位。

2. 请写出公众号定位的操作步骤。

3. 请写出“服务号”“订阅号”“小程序”和“企业微信”4 种帐号的区别。

第 4 章 微信小程序开发

项目导航

知识目标：

1. 了解微信小程序
2. 了解微信小程序的开发方式

技能目标：

1. 掌握小程序的制作
2. 掌握小程序的发布

思政目标：

1. 培养学生热爱科学、实事求是的学风
2. 培养学生具备正确的劳动观念和价值观念
3. 培养学生踏实认真的工作态度和严谨务实的工作作风
4. 培养学生的爱国主义情感，增强其民族自尊心、自豪感和社会责任感

任务导入

经过小王的不懈努力，终于顺利完成公司制定的阶段运营目标。这时领导又找到小王，说看到别人公司的公众号都有配套的小程序，要求小王也给公司的公众号制作一个小程序。小王上网查了查，发现制作小程序需要懂代码，而那些代码对于小王来说无异于“火星文”，不懂代码的小王该如何完成小程序的制作呢？

知识储备

4.1　微信小程序介绍

微信小程序是一种全新的连接用户与服务的方式，它可以在微信内被便捷地获取和传播，同时具有出色的使用体验。例如时下比较火爆的社区团购小程序，在小程序界面搜索即可直接使用，如图 4－1 所示。

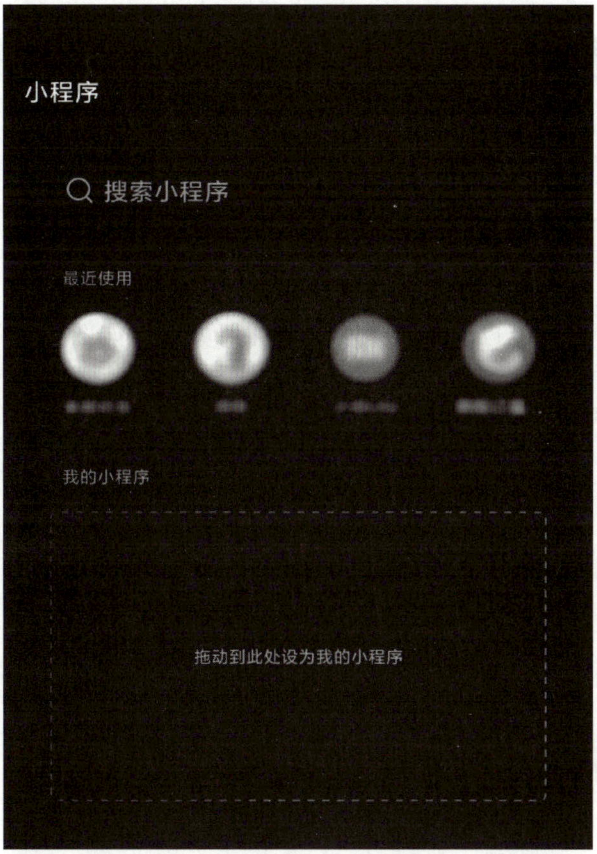

图 4－1　微信小程序界面

进入微信公众平台官网，点击右上角“立即注册”按钮，即可注册小程序，如图 4－2 所示。

图 4－2　注册微信小程序

点击“小程序”，系统会自动跳转到小程序注册界面，如图 4－3 所示。在页面中需要填写邮箱、密码等信息。需要注意的是，已在微信公众平台、微信开放平台注册或绑定个人微信号的邮箱，无法再注册微信小程序。

图 4－3　小程序注册界面

点击“注册”按钮进入第二步，激活小程序帐号。点击邮箱里激活帐号的链接即可完成帐号激活，如图 4－4 所示。

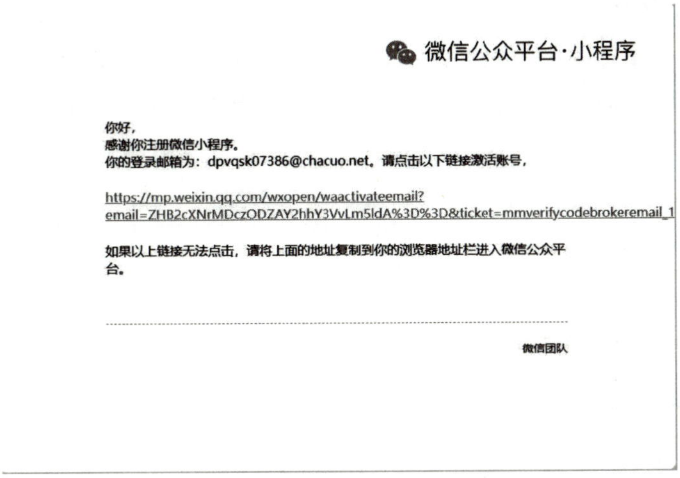
微信公众平台·小程序
你好，
感谢你注册微信小程序。
你的登录邮箱为：dpvqsk07386@chacuo.net。请点击以下链接激活账号，
https://mp.weixin.qq.com/wxopen/waactivateemail?
email=ZHB2cXNrMDczODZAY2hhY3VvLm5ldA%3D%3D&ticket=mmverifycodebrokeremail_1
如果以上链接无法点击，请将上面的地址复制到你的浏览器地址栏进入微信公众平台。
微信团队

图 4－4 激活小程序帐号

激活帐号后，需要进行用户信息登记，这里以个人主体类型为例，点击“个人”按钮后，在弹出的内容中填写“身份证姓名”“身份证号码”“管理员手机号码”等信息，如图 4－5 所示。

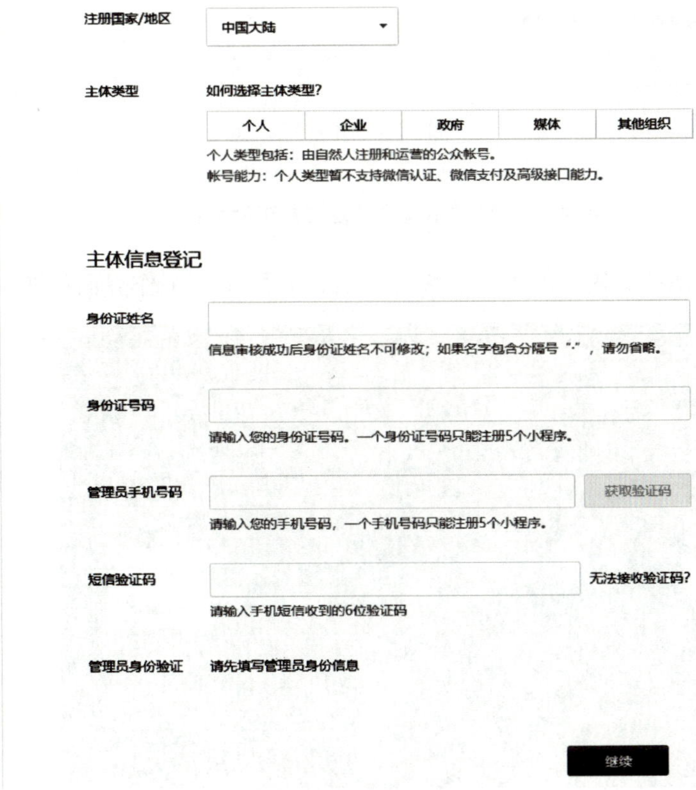
注册国家/地区
中国大陆
主体类型
如何选择主体类型？
个人
企业
政府
媒体
其他组织
个人类型包括：由自然人注册和运营的公众帐号。
帐号能力：个人类型暂不支持微信认证、微信支付及高级接口能力。
主体信息登记
身份证姓名
信息审核成功后身份证姓名不可修改；如果名字包含分隔号“·”，请勿省略。
身份证号码
请输入您的身份证号码。一个身份证号码只能注册5个小程序。
管理员手机号码
获取验证码
请输入您的手机号码，一个手机号码只能注册5个小程序。
短信验证码
无法接收验证码？
请输入手机短信收到的6位验证码
管理员身份验证
请先填写管理员身份信息
继续

图 4－5 用户信息登记

信息登记完成后，点击“继续”按钮即可完成微信小程序的注册。

4.2　小程序的开发方式

想要开发和制作小程序，可以通过编辑代码和使用第三方工具来实现。如果使用编辑代码的方式制作小程序，需要前往官网下载微信小程序开发者工具，微信小程序开发工具下载界面如图 4－6 所示。

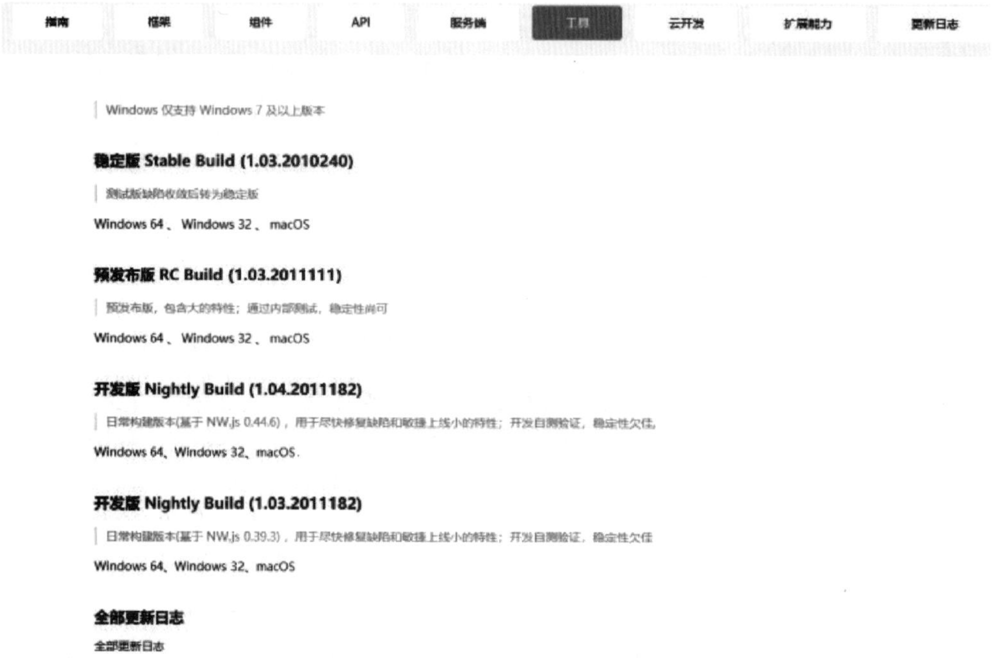

图 4－6　微信小程序开发工具下载界面

下载好以后，双击“安装”即可，安装好以后，开发工具工作界面如图 4－7 所示。

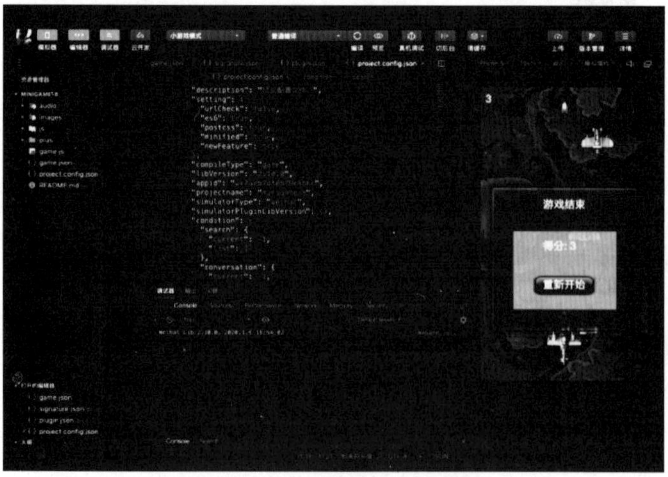

图 4－7　开发工具工作界面

目前，市场上常用的第三方开发工具有即速应用、凡科轻站小程序等，下面分别对两款工具进行简单的介绍。

1. 即速应用

即速应用是由深圳市咫尺网络科技开发有限公司提供的一款在线制作小程序的网站，其服务行业涵盖 O2O 电商、新零售、餐饮外卖、预约服务、社区团购等，网站为用户提供了丰富的模板，如图 4－8 所示。

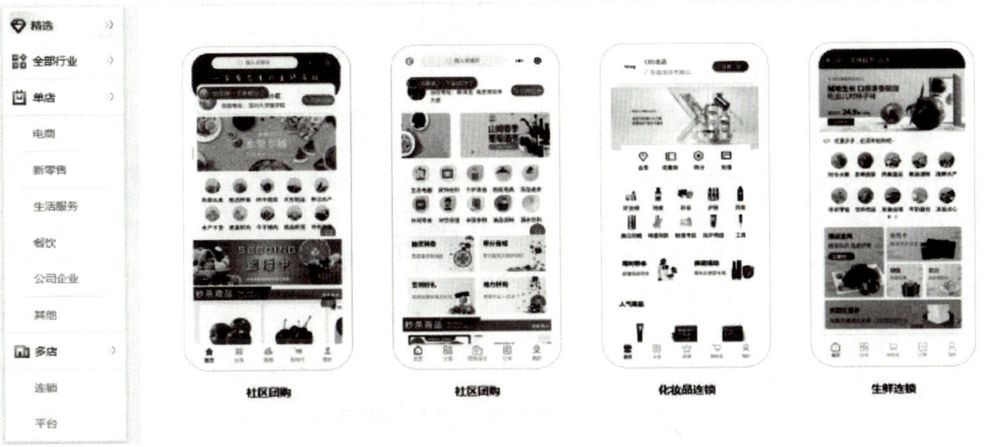

图 4－8　提供的模板

知识加油站

O2O，网络用语中指 Online To Offline 的缩写，即在线离线/线上到线下，是指将线下的商务机会与互联网结合，让互联网成为线下交易的平台。

同时，官方还提供了详细的教程供新手用户进行学习，如图 4－9 所示。

图 4－9　官方配套教程

2. 凡科轻站小程序

凡科轻站小程序是凡科网旗下的一款在线制作小程序的网站，通过简单控件的拖拽即可实现小程序的制作，如图 4－10 所示。

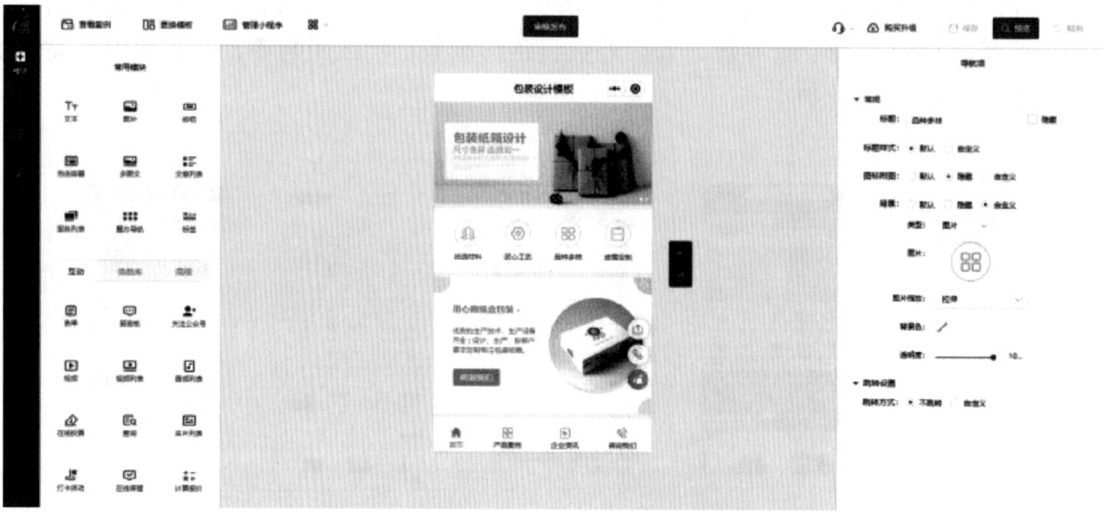

图 4－10　凡科网小程序制作界面

4.3　培训小程序制作

本节以常见的培训小程序为例，讲解如何通过第三方工具完成小程序的制作。通过分析得出，小程序主要分为 4 个页面，即首页、课程设置、师资力量和联系我们页面。

1. 首页

首页是打开一个小程序时最先展示的页面，该页面内容应该包含小程序其他页面的重要内容，并且有通向其他页面的入口。通过分析得出，首页的结构为搜索框、轮播图、导航、课程介绍、学员作品、师资力量和相关资讯模块，如图 4－11 所示。

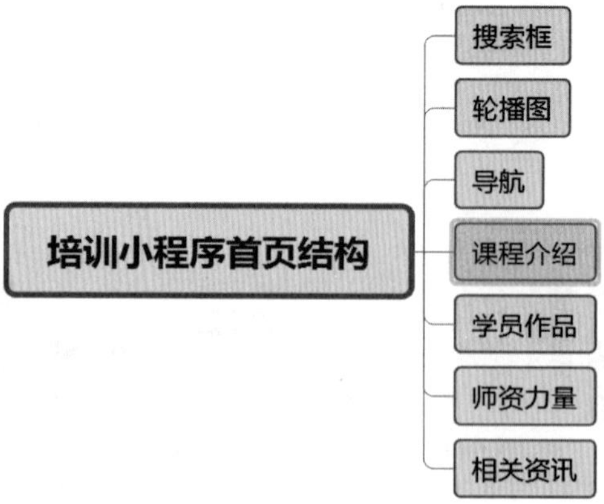

图 4－11　培训小程序首页结构

针对确定好的首页模块，在开始制作前需要提前准备好相关内容素材。在浏览器地址栏中输入 https：//www. fkw. com/或者在搜索引擎中搜索“凡科网”，进入凡科网官网，点击右上角“登录”按钮登录帐号。登录后，点击“进入管理”按钮进入管理界面，如图 4 – 12 所示。

图 4 – 12　凡科网管理界面

在管理界面中找到“轻站小程序”模块，点击右下角“进入管理”按钮进入小程序管理界面，如图 4 – 13 所示。

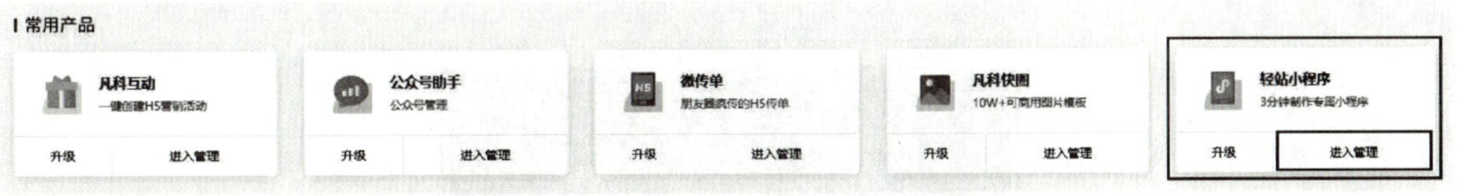

图 4 – 13　选择轻站小程序并进入管理

进入轻站小程序管理界面后，点击右上角“设计小程序”模块中的“前往设计”按钮，进入小程序界面和内容编辑页面，如图 4 – 14 所示。

图 4 – 14　设计小程序入口

点击编辑界面左上角“更换模板”按钮，选择一套合适的模板，这里选择“技能培训”分类下的“美术培训”模板，如图 4 – 15 所示。

图 4－15　选择模板

模板更换完成后，首先更换轮播图内容。点击轮播图，在右侧界面中可以看到尺寸为750px＊360px，使用 Photoshop 制作两张图片，点击“上传”按钮上传图片，上传完成后的效果如图 4－16 所示。

图 4－16　更换轮播图的效果

接着修改公告里的内容，点击“公告”模块，在右侧“公告列表”中修改公告 1 和公告 2 的内容，如图 4－17 所示。

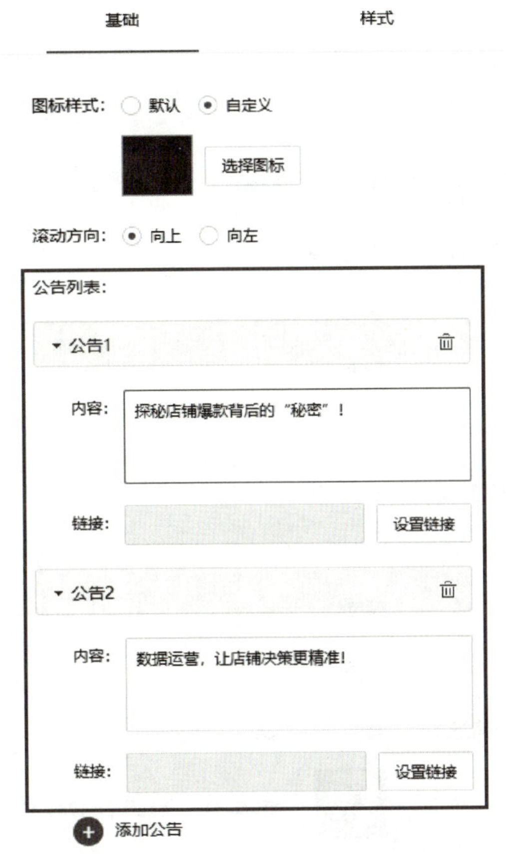

图 4－17　修改公告里的内容

点击底部“添加公告”按钮可以新增公告，点击每个公告右侧的垃圾桶按钮可以删除公告。

然后修改导航里的内容，将鼠标移到导航模块上，点击导航右上角的修改图标，如图 4－18 所示。

图 4－18　修改导航内容

点击“修改”按钮后，在右侧弹出的界面中对内容进行修改，如图 4－19 所示。

图 4－19 设置导航内容

修改后的导航内容如图 4－20 所示。

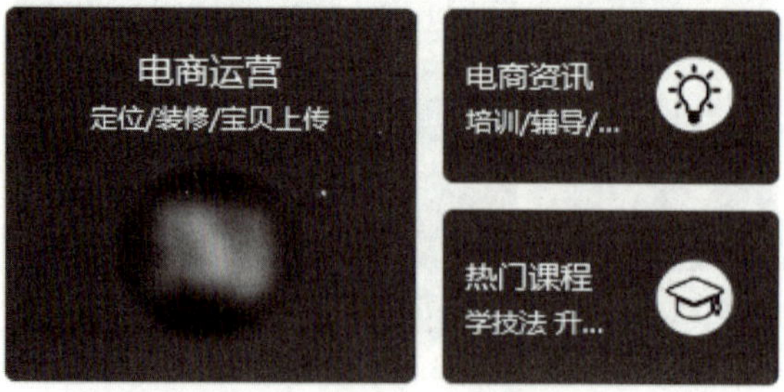

图 4－20 修改后的导航效果

接着修改“开设课程”板块里的内容，将鼠标移至“开设课程”文字上方，点击右上角的修改图标，更改文字颜色为橙色。

将鼠标移至后方文字描述区域，点击修改图标，修改文字描述内容，修改后的内容如图4-21所示。

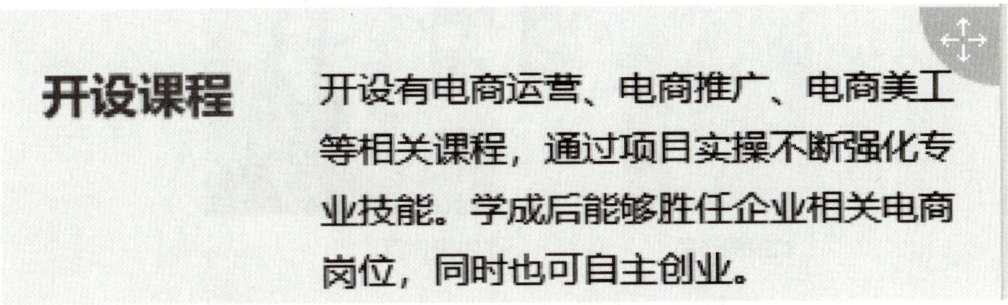

图4-21 修改后的“开设课程”模块

将鼠标移至下方课程板块上，点击右上角的修改图标，修改课程配图和名称。利用Photoshop完成课程配图的制作，尺寸为750px * 400px，制作完成后，直接上传即可。修改完成后的效果如图4-22所示。

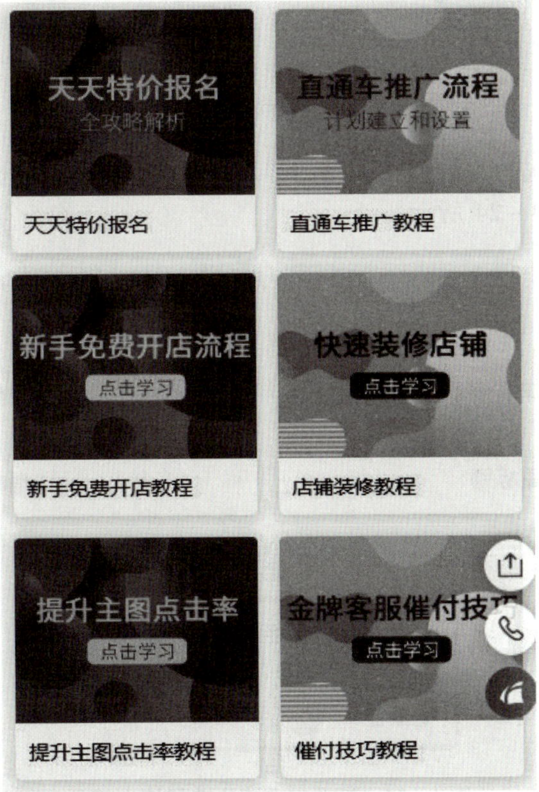

图4-22 修改后的课程模块

按照同样的方式，修改“学生作品”模块，修改后的效果如图4-23所示。

图 4－23　修改后的学生作品模块

用鼠标点击客服板块的背景，在弹出的界面中设置“填充背景”类型为“颜色填充”，填充颜色为橙色，如图 4－24 所示。

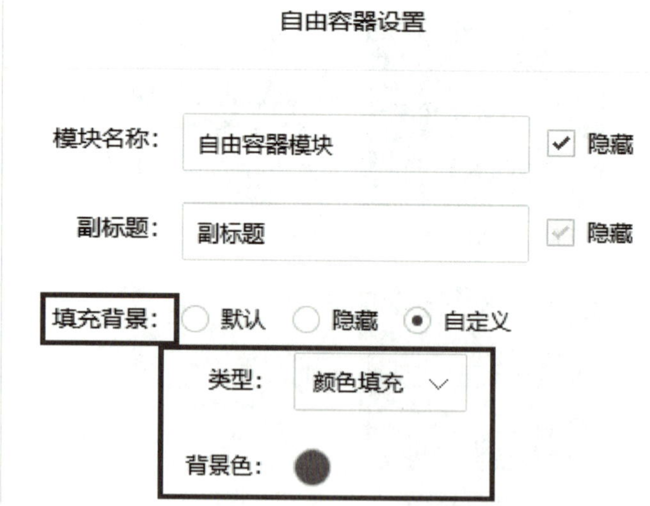

图 4－24　设置客服板块背景填充颜色

由于客服板块文案字体与整体风格不符，需要对其进行修改。点击原有文案并将其删除，然后从“常用模块”中拖拽“文本”模块到客服板块的自由容器里，双击修改文本模块中的内容，修改后调整文字颜色为橙色，位置为水平居中对齐。然后将鼠标移至“联系客服”文字上，点击右上角修改图标，将文字颜色修改为橙色。客服板块修改后的效果如图 4－25 所示。

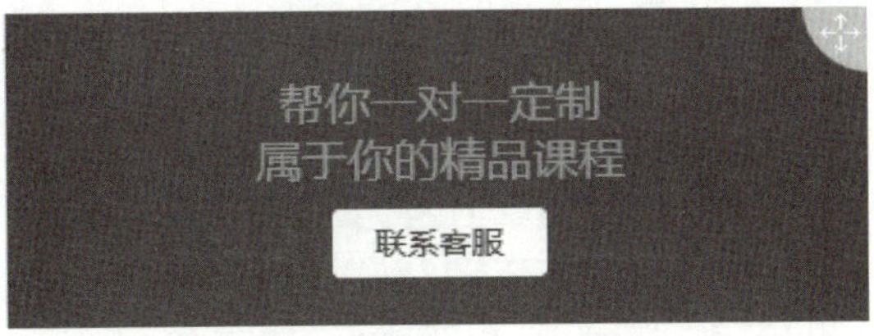

图 4－25　修改后的客服模块

知识加油站

这里的自由容器指的是小程序中的模块，支持添加文本、图片、按钮等板块，通过三者的结合实现丰富的展示效果。

将鼠标移至教师信息板块，点击修改图标，对教师相关信息进行修改。修改后的效果如图 4－26 所示。

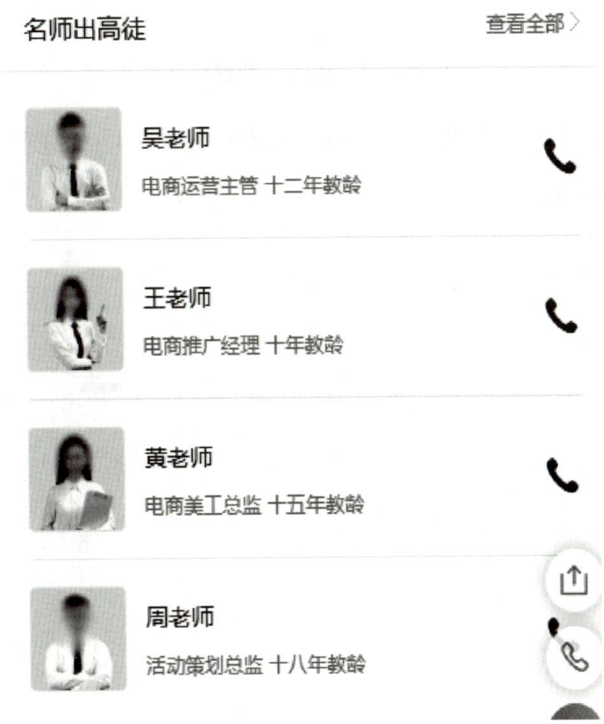

图 4－26　名师板块修改后的效果

用鼠标点击“资讯板块”右上角的修改图标，在弹出的界面中点击“管理分类”按钮，如图4－27所示，修改资讯分类。

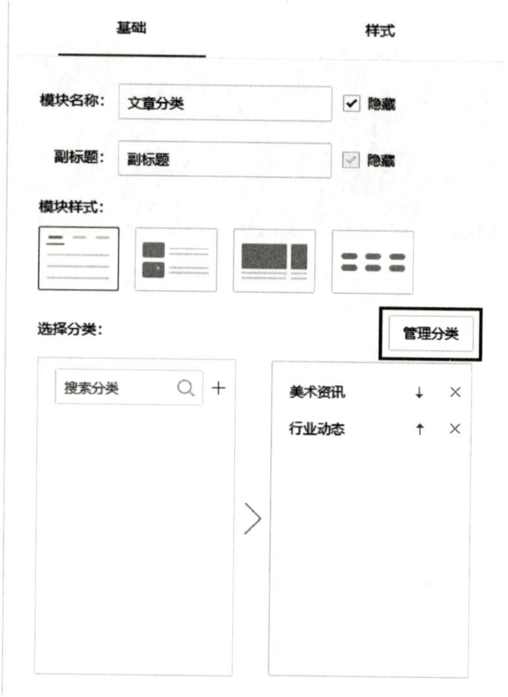

图4－27　点击“管理分类”

将分类名称修改为“电商资讯”和“行业动态”，如图4－28所示。

图4－28　修改后的分类名称

修改完成后，将鼠标移至相关资讯上，点击右上角的修改图标修改资讯内容，修改后的效果如图 4－29 所示。

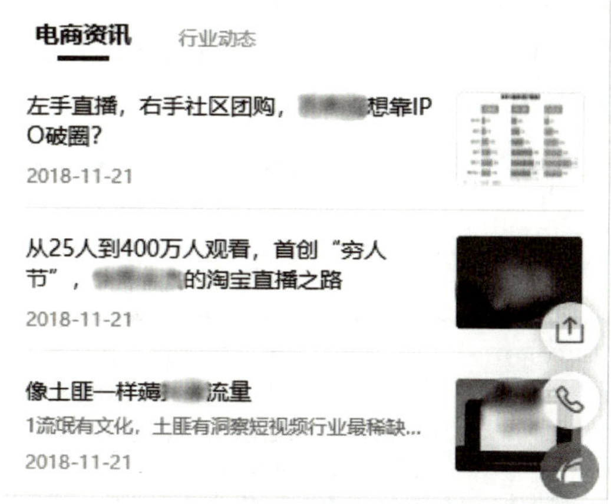

图 4－29　修改后的资讯内容

最后，将页面名称修改为“雅博电商教育”，修改后如图 4－30 所示。

图 4－30　修改页面名称

至此，就完成了整个首页的制作，可以点击右上角的“预览”按钮对页面效果进行预览，预览效果如图 4－31 所示。

图 4－31　首页预览效果

2. 课程设置

点击底部“课程设置”菜单对课程设置页面内容进行修改。由于之前对首页开设课程模块内容进行过修改，所以课程设置页面中的部分内容已发生改变。将鼠标移至“开设课程”文字上，点击右上角的修改图标，修改文字的颜色为橙色。用同样的方式修改后方的文字描述，修改后的效果如图 4－32 所示。

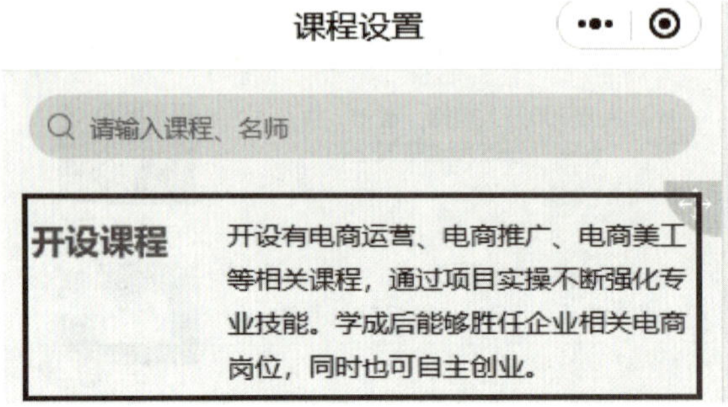
课程设置
请输入课程、名师
开设课程
开设有电商运营、电商推广、电商美工等相关课程，通过项目实操不断强化专业技能。学成后能够胜任企业相关电商岗位，同时也可自主创业。

图 4－32　修改后的“开设课程”模块效果

拖动滚动条到页面下方，修改课程模块下方的内容，修改后的效果如图 4－33 所示。

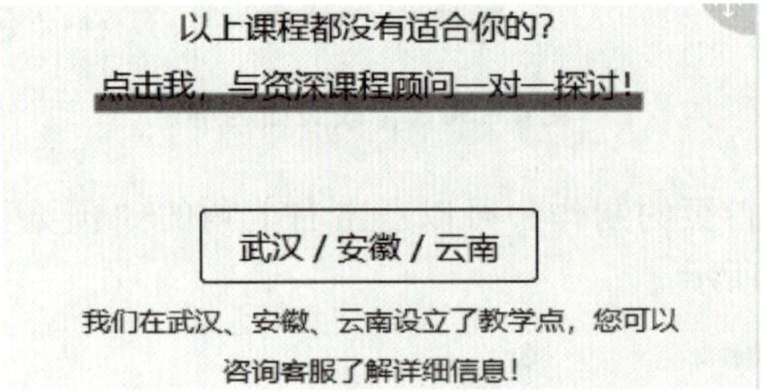
以上课程都没有适合你的?
点击我，与资深课程顾问一对一探讨!
武汉 / 安徽 / 云南
我们在武汉、安徽、云南设立了教学点，您可以咨询客服了解详细信息!

图 4－33　修改后的描述效果

修改完成后，点击右上角的“预览”按钮，对修改后的页面效果进行预览。

3. 师资力量

点击底部“师资力量”菜单对师资力量页面内容进行修改。由于之前对“名师出高徒”模块内容进行过修改，所以无需再修改该模块内容。将鼠标移至“师资力量”文字上，点击右上角的修改图标，修改文字的颜色为橙色。用同样的方式修改后方的文字描述，修改后的效果如图 4－34 所示。

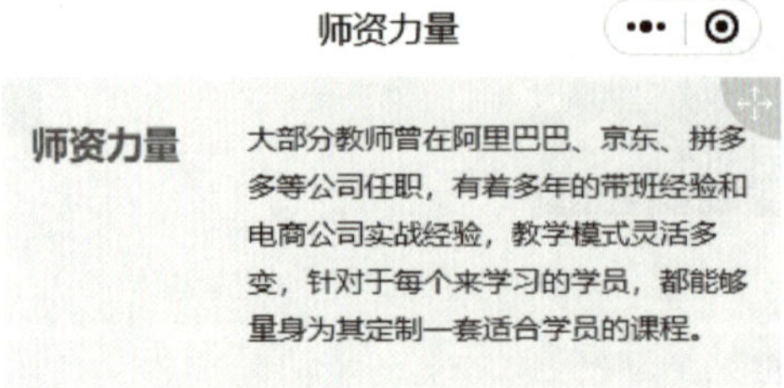
师资力量
师资力量
大部分教师曾在阿里巴巴、京东、拼多多等公司任职，有着多年的带班经验和电商公司实战经验，教学模式灵活多变，针对于每个来学习的学员，都能够量身为其定制一套适合学员的课程。

图 4－34　修改后的“师资力量”模块效果

删除“优秀教师评选”模块，从左侧“常用模块”中拖拽“文本”到“名师出高徒”板块下方，双击输入内容为“学员作品”，如图 4－35 所示。

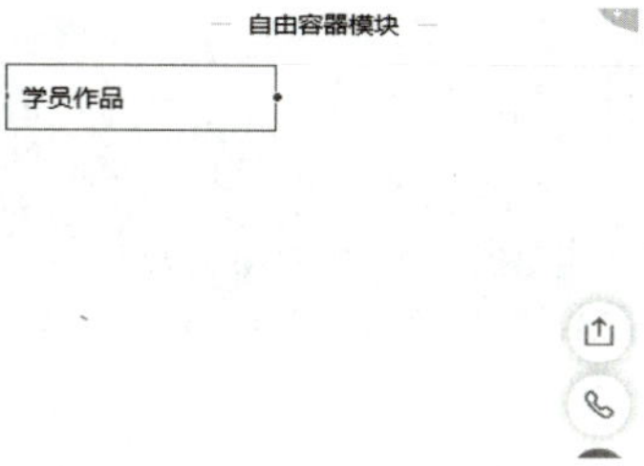

图 4－35　添加文本模块

用鼠标点击“自由容器模块”，隐藏模块名称并调整模块大小，然后将文本“学员作品”的位置调整为水平居中，调整后的效果如图 4－36 所示。

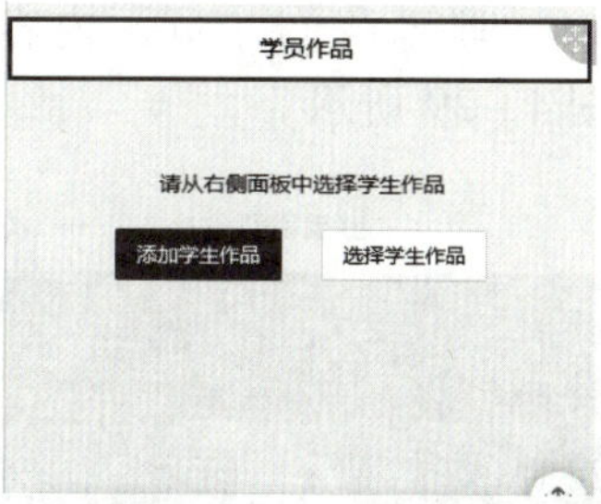

图 4－36　调整后的效果

点击下方“选择学生作品”按钮，选择之前已经添加好的学生作品，效果如图 4－37 所示。

图 4－37　添加学生作品后的效果

拖动鼠标至页面底部，将鼠标移至“教学环境”配图上，点击右上角的修改图标，修改相应配图，修改后的效果如图 4－38 所示。

图 4－38 修改后的教学环境模块

最后，删除“培训心得分享”模块，完成本页面的制作。点击右上角“预览”按钮对页面效果进行预览。

4. 联系我们

点击底部“联系我们”菜单对“联系我们”页面内容进行修改。点击页面头部图片，更换图片内容，更换后的效果如图 4－39 所示。

图 4－39 更换后的图片效果

删除“报名方式”“优惠政策”“上课时间”三个板块，修改“联系方式”板块中的内容，修改后的效果如图 4－40 所示。

图 4－40 修改后的联系方式

修改完毕后，点击右上角的“预览”按钮对页面效果进行预览，确认无误后，点击“保存”即可。

制作好 4 个页面的内容后，还需要完善小程序其他功能页面，包括轮播图点击跳转页面、课程详情页和教学环境详情页。

5. 轮播图点击跳转页面

由于模板中没有轮播图点击后跳转的页面，因此需要新建该页面。点击左侧“页面”菜单，单击“添加页面”按钮新建页面，如图 4－41 所示。

图 4－41　新建页面

新建页面后，点击页面右侧“设置”按钮，修改页面名称，如图 4－42 所示。

图 4－42　修改页面名称

点击左侧“模块”菜单，拖拽“图片”模块到新建页面的顶部，并上传图片，上传图片后的效果如图 4 - 43 所示。

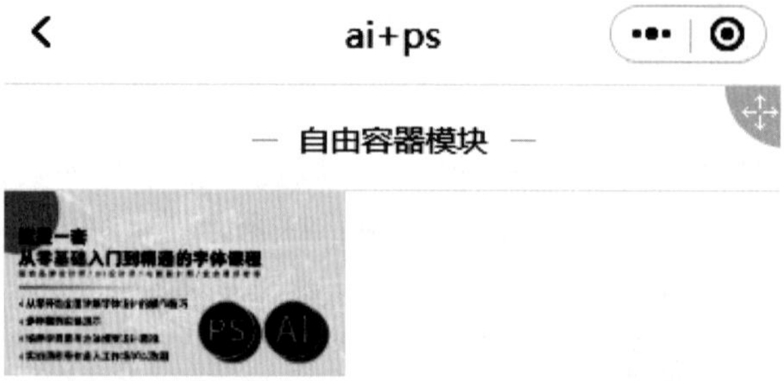
ai+ps
— 自由容器模块 —
PS
AI

图 4 - 43　上传图片后的效果

用鼠标单击“自由容器”模块，隐藏模块名称，并调整模块和图像的大小，调整后的效果如图 4 - 44 所示。

ai+ps
这是一套
从零基础入门到精通的字体课程
适合品牌设计师/UI设计师/电商设计师/业余爱好者等
√从零开始全面讲解字体设计的操作技巧
√多种案例实操演示
√培养学员思考方法提高设计思维
√实战演练带你走入工作场学以致用
PS
AI

图 4 - 44　调整后的效果

接着制作课程特色板块，再次拖拽“图片”模块到第一张图像下方，并上传图片，上传后的效果如图 4 - 45 所示。

ai+ps
这是一套
从零基础入门到精通的字体课程
PS
AI
自由容器模块

图 4 - 45　添加课程特色板块

用鼠标单击“自由容器”模块，修改模块名称，并调整模块中图像的位置和大小，调整后的效果如图 4－46 所示。

ai+ps
这是一套
从零基础入门到精通的字体课程
√从零开始全面讲解字体设计的操作技巧
√多种案例实操演示
√培养学员思考方法提高设计思维
√实战演练带你走入工作场学以致用
PS
AI
课程特色

图 4－46 修改名称和调整图像位置后的效果

从左侧常用模块中拖拽“文本”模块到图像下方，设置相应课程名称和课程卖点，调整文字和图片之间的位置关系，调整后的效果如图 4－47 所示。

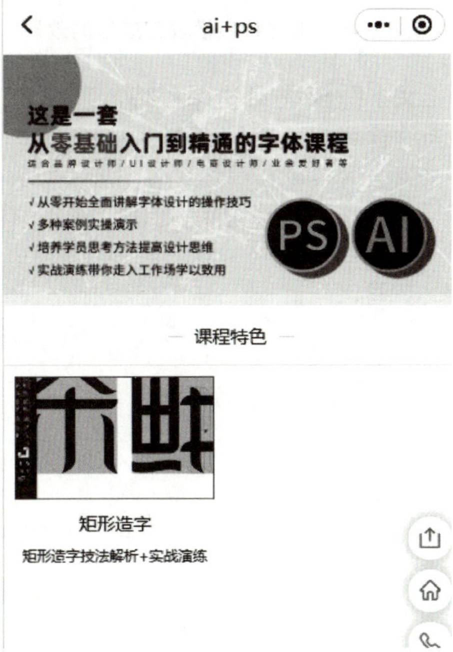
ai+ps
这是一套
从零基础入门到精通的字体课程
√从零开始全面讲解字体设计的操作技巧
√多种案例实操演示
√培养学员思考方法提高设计思维
√实战演练带你走入工作场学以致用
PS
AI
课程特色
矩形造字
矩形造字技法解析+实战演练

图 4－47 添加课程名称和课程卖点

用同样的方式添加其他 5 个课程的课程卖点，完成后的效果如图 4－48 所示。

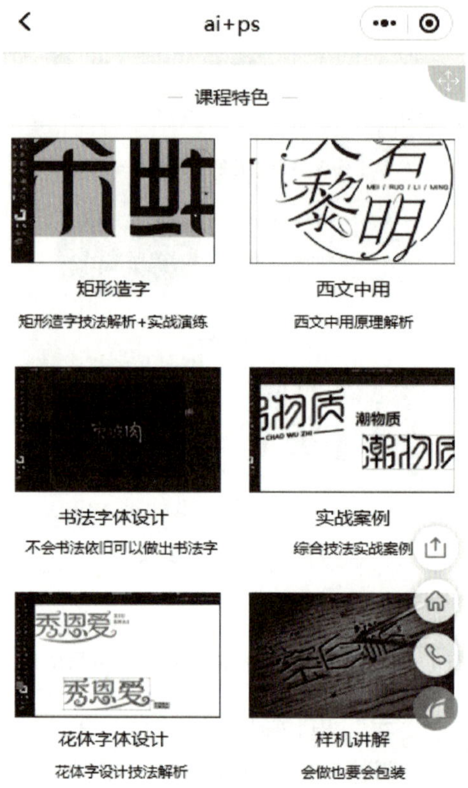

图 4－48　课程特色模块完成后的效果

从左侧常用模块中拖拽“文本”模块到“课程特色”模块下方，用鼠标点击“自由容器”模块，将模块名称修改为“课程目录”，如图 4－49 所示。

图 4－49　创建课程目录模块

双击文本模块，输入需要添加的内容，并设置标题内容颜色为蓝色、加粗显示，完成后的效果如图 4－50 所示。

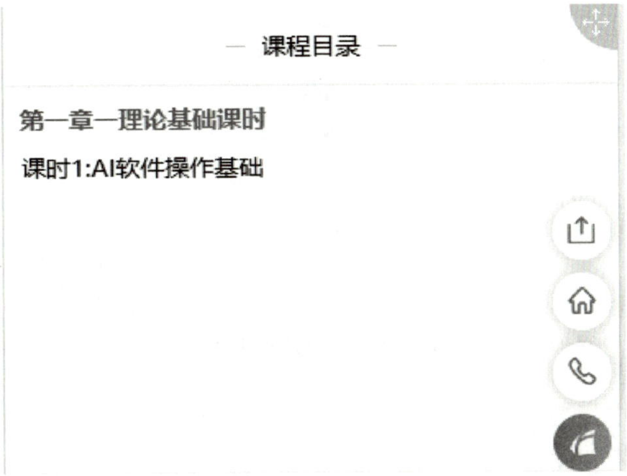

图 4－50　添加课程目录内容

用同样的方式添加其他的课程目录内容，完成后的效果如图 4－51 所示。

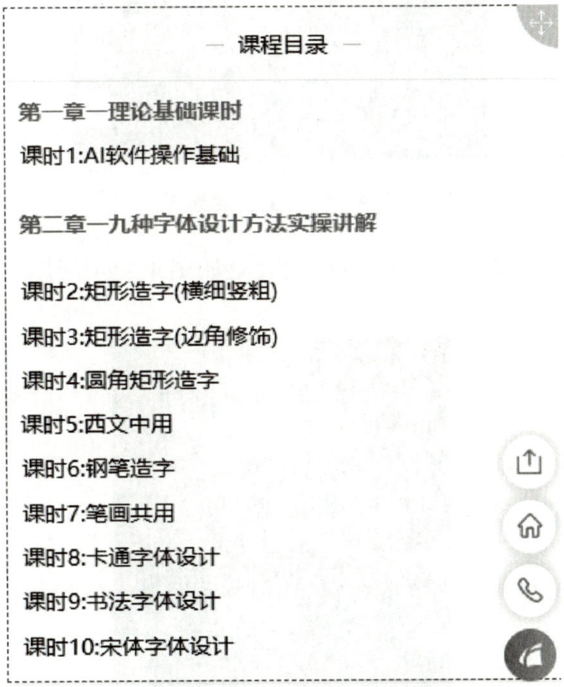

图 4－51　完成后的课程目录效果

从左侧常用模块中拖拽“自由容器”模块到课程目录模块下方，用鼠标点击“自由容器”模块，将模块名称修改为“效果预览”，如图 4－52 所示。

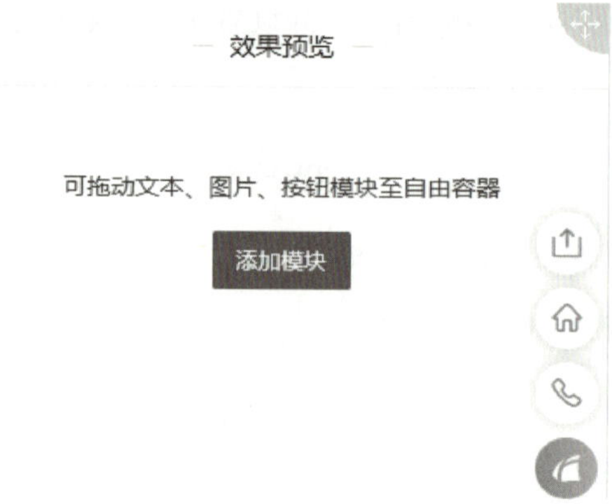

图 4－52　添加效果预览模块

从左侧常用模块中拖拽“图片”模块到刚添加的自由容器中，上传图片，并调整图像的大小，完成后的效果如图 4－53 所示。

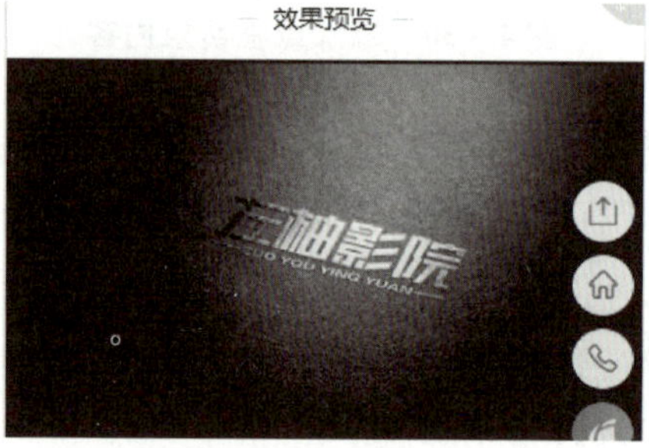

图 4－53　上传效果图

用同样的方式添加其他效果图，完成后的效果如图 4－54 所示。

图 4－54　完成后的效果预览模块

从左侧常用模块中拖拽“自由容器”模块到效果预览模块下方，用鼠标点击“自由容器”模块，隐藏“自由容器”模块名称。从左侧拖拽“图片”模块到容器中，上传图片，并调整图像位置和大小，完成后的效果如图 4－55 所示。

图 4－55 上传赠送素材 1

用同样的方式添加其他图像，完成后的效果如图 4－56 所示。

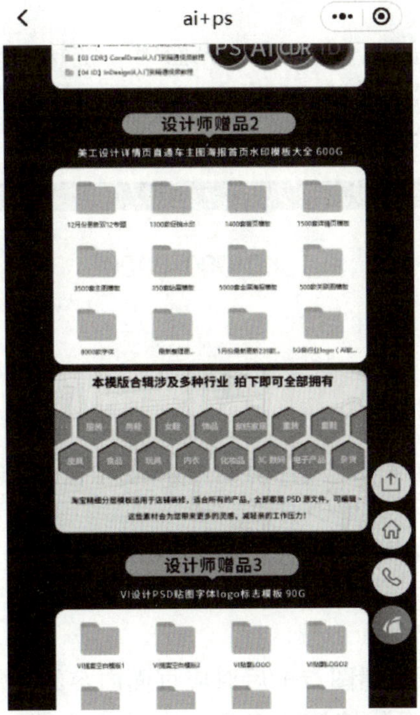

图 4－56 添加其他赠送素材图像

从左侧常用模块中拖拽“自由容器”模块到赠送素材模块下方，隐藏模块名称，设置模块填充背景颜色为蓝色，效果如图 4－57 所示。

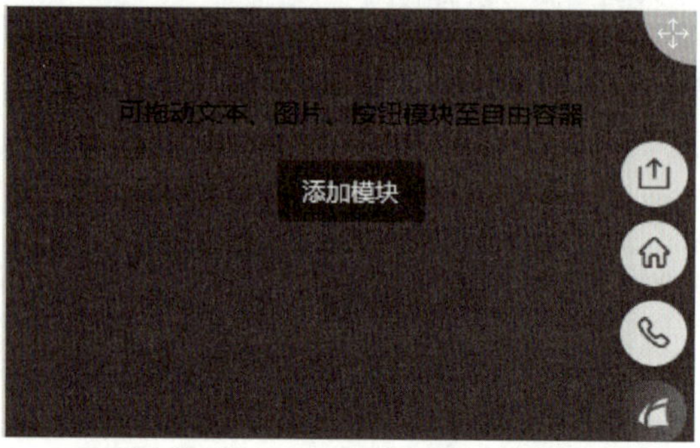

图 4－57 添加“自由容器”模块

从左侧常用模块中拖拽“按钮”模块到容器中，点击“按钮”模块，将按钮背景设置为白色，文字颜色设置为黑色，文字内容修改为“马上咨询”，调整按钮和容器的大小，完成后的效果如图 4－58 所示。

图 4－58 添加马上咨询按钮

点击右侧“设置链接”按钮，在弹出的界面中“链接类型”选择“功能”，“选择功能”设置为“电话”，“电话”一栏填写具体的电话号码，将咨询按钮点击后设置为显示咨询电话，效果如图 4－59 所示。

图 4－59 咨询按钮点击后显示咨询电话

至此，就完成了整个页面内容的制作。点击左侧“页面”菜单，选择并点击小程序首页，回到小程序首页，点击第一张轮播图，将点击链接设置为“ai＋ps”页面，如图 4－60 所示。

用同样的方式完成第二张轮播图点击后对应页面内容的制作和点击跳转链接的设置。设置完成后，点击右上角“预览”按钮，查看点击后是否能正确跳转。确认无误后，点击“保存”按钮保存所有操作。

图 4-60　设置轮播图点击链接

6. 课程详情页

从首页点击课程进入相应课程页面，发现课程详情页除了课程配图和课程名称外，缺少具体授课内容。因此，需要给详情页添加课程目录。

将鼠标移至需要添加内容的详情页上，在页面右上角会出现修改图标，点击第二个修改图标，在弹出的界面中点击“详情”，在右侧编辑器中输入课程目录，如图 4-61 所示。输入完毕后，单击“确定”按钮保存。

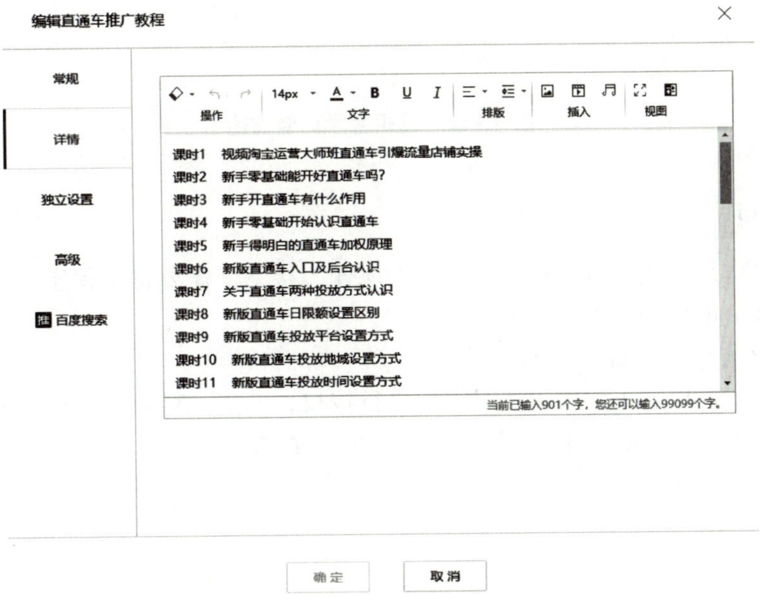

图 4-61　编辑课程详情页内容

使用同样的方式，制作和完善其他课程详情页授课内容。

7. 教学环境页面

点击小程序底部“师资力量”菜单，用鼠标滚轮拖动到页面底部，将鼠标移至“教学环境”封面图上，点击右上角的编辑图标，在弹出的界面中点击“详情”，在右侧编辑器中输入文字描述内容，如图 4－62 所示。输入完毕后，单击“确定”按钮保存。

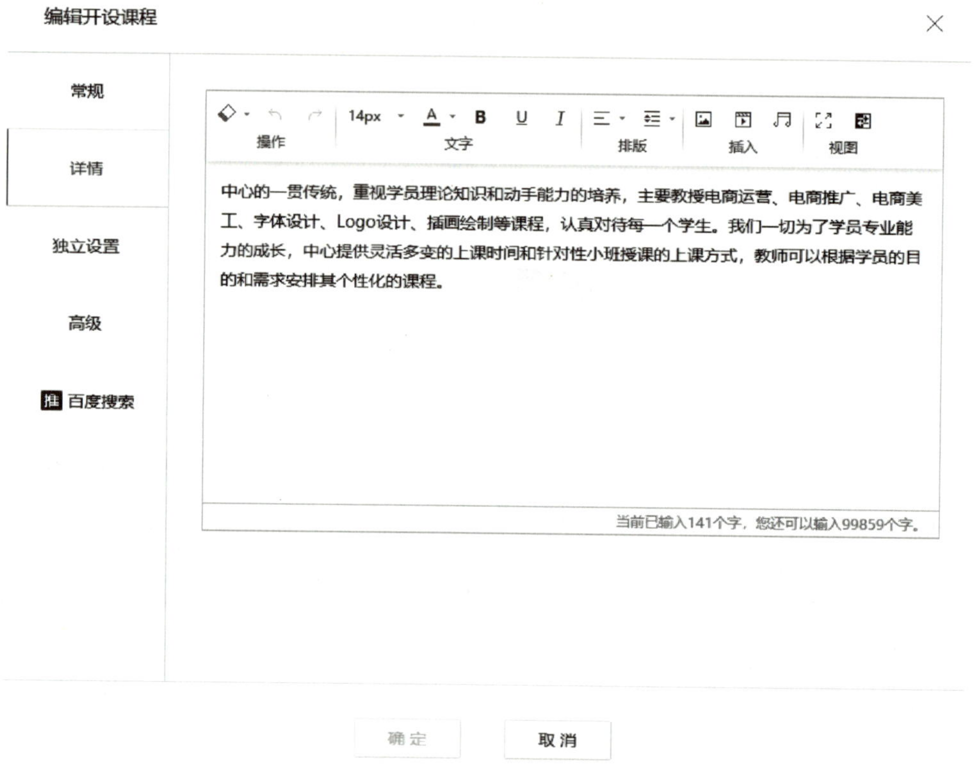
编辑开设课程
常规
详情
独立设置
高级
百度搜索
14px
操作
文字
排版
插入
视图
中心的一贯传统，重视学员理论知识和动手能力的培养，主要教授电商运营、电商推广、电商美工、字体设计、Logo设计、插画绘制等课程，认真对待每一个学生。我们一切为了学员专业能力的成长，中心提供灵活多变的上课时间和针对性小班授课的上课方式，教师可以根据学员的目的和需求安排其个性化的课程。
当前已输入141个字，您还可以输入99859个字。
确定
取消

图 4－62　编辑教学环境描述

4.4　小程序发布

通过上述操作，完成了电商培训小程序的制作，接下来需要将小程序提交审核。本节主要讲解小程序提交审核的流程和注意事项。

1. 小程序提交审核流程

利用第三方工具提交小程序审核时需要进行授权，点击凡科轻站小程序编辑后台上方的“审核发布”按钮，系统会弹出一个授权选择页面，如图 4－63 所示。

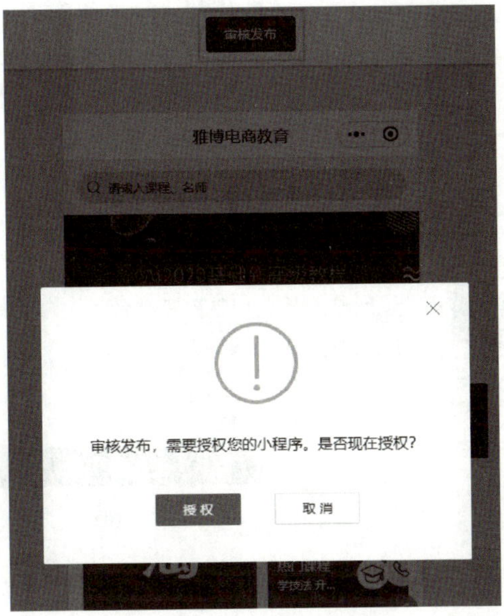

图 4－63　询问授权页面

点击“授权”进入授权页面，在授权页面中根据实际情况进行选择，如果已注册微信小程序，则选择“我已有小程序，直接授权”，如图 4－64 所示，否则需要先注册微信小程序，才能进行授权。

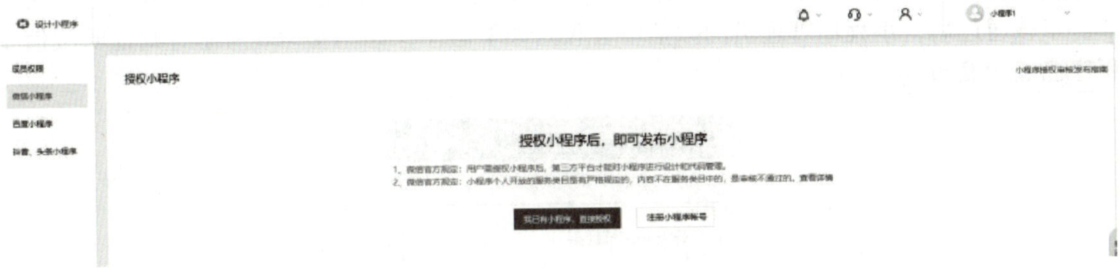

图 4－64　微信小程序授权页面

单击“我已有小程序，直接授权”后会提示扫码登录小程序并授权，如图 4－65 所示。

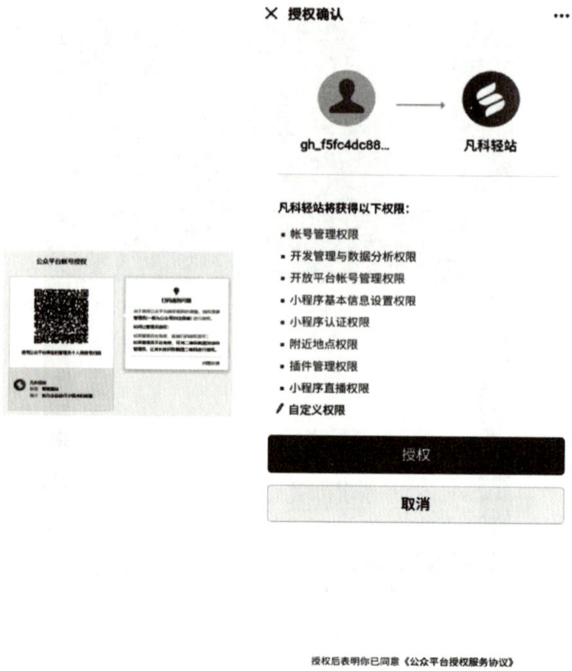

图 4－65　登录并授权第三方管理小程序

授权成功后，再次点击“审核发布”即可提交审核。建议使用主体为企业的小程序进行授权提交审核，由于微信政策限制，目前该平台个人主题的免费版用户不再支持提交审核。审核通过后，小程序管理员的微信中会收到如下通知，如图 4－66 所示，则证明微信小程序已成功发布。

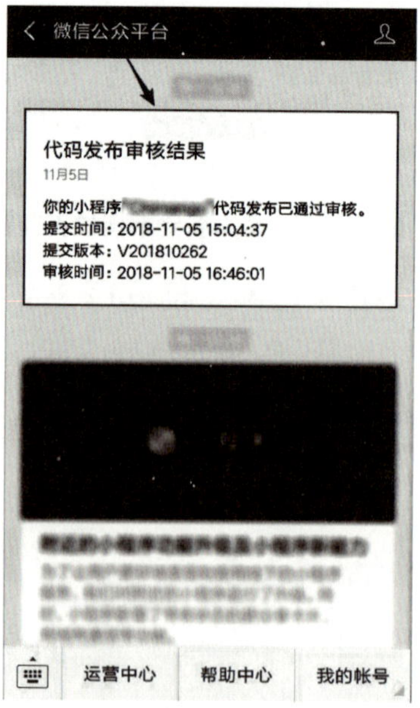

图 4－66　微信小程序审核通过通知

2. 小程序提交审核注意事项

微信官方收到提交的小程序审核后，会在 1 ~ 3 个工作日内给出反馈。微信官方主要对小程序的帐号信息、服务类目和整体应用进行审核，为了避免在审核上浪费时间，更快地通过审核，在提交小程序审核时可对以下事项进行自查。

（1）帐号信息审核。帐号信息审核的内容包括帐号的名称、头像、介绍，审核规则主要包括“2 个应当”和“3 个禁止”。

① 2 个应当：帐户信息应当明确、清晰、客观；名称、头像、介绍各部分信息意义一致。

② 3 个禁止：禁止侵犯他人权益；禁止含有商业化词汇、热门小程序名称、腾讯官方相关等词汇、logo；禁止政治、色情、暴力等国家法律禁止的词汇和内容。

（2）服务类目审核。小程序开放多个行业的多种服务类目，比如快递行业的快递物流查询、仓储管理，教育行业的在线教育、在线视频课程等，在提交审核前需要企业选择小程序的服务类目。对服务类目的审核要求主要有两点，第一是与实际服务一致，第二是链接页面正常。

① 与实际服务一致：指企业选择的服务类目应和自身所提供的服务一致，如果与帐号信息或小程序功能等有较大冲突，则可能导致审核失败。需要注意的是，服务类目在选择后不可更改，所以企业需要慎重选择，避免用新邮箱重新注册等不必要的麻烦。

② 链接页面正常：指对应服务类目链接的页面可以正常打开使用，不存在违法违规或不符合与腾讯所签署的相关协议、腾讯公布的相关规则和规范的内容。

（3）小程序应用审核。小程序应用审核指在代码开发完成后，对小程序应用的整体审核，包括小程序功能、页面内容、可用性和完整性、用户隐私和数据安全、技术实现规范和 UI 规范。

① 功能审核：功能审核要求功能的一致性和实用性。功能的一致性指小程序功能与帐号简介一致且不超过帐号支持的类目范围；功能实用性指功能需具备实用价值，不能仅为一个页面或一个按钮，不能为测试版本。

② 页面内容审核：对页面内容的审核主要是合法合规，以及对广告内容的限定。合法合规主要指不能有违反法律规定、腾讯相关合作协议的内容；不能有诱导、暗示、强制用户分享、传播、下载的内容。广告内容限定指广告内容不能超过页面比例的 50%。

③ 可用性和完整性：可用性和完整性是对小程序整体使用体验的审核。小程序需要能正常使用，不轻易奔溃，没有严重 bug。

④ 用户隐私和数据安全：微信公众平台提供获取用户 openID 和昵称信息的接口，不允许企业在未经用户许可的情况下采集、泄露用户其他信息。

⑤ 技术实现规范：不能有多媒体自动播放、无退出按钮等严重伤害用户体验的设计。

⑥ UI 规范：要重点关注的 UI 规范主要有两条，一是小程序界面必须遵守微信的外观和功能，不能提供改变微信外观和功能的产品体验；二是小程序头像图标需使用透明或有色背景，如果使用白色背景，需要使用有色边框。

知识加油站

UI：用户界面 User Interface 的简称，是系统和用户之间进行交互和信息交换的媒介，它实现信息的内部形式与人类可以接受形式之间的转换。

实战演练

1. 根据本章第三节所讲内容，使用“轻站小程序”制作美食培训小程序。

第 5 章 短视频运营

项目导航

知识目标：

1. 了解短视频行业及主流短视频平台
2. 了解短视频团队的构成

技能目标：

1. 掌握短视频的拍摄
2. 掌握短视频帐号的运营
3. 掌握短视频帐号粉丝互动技巧
4. 掌握短视频帐号数据统计及分析
5. 掌握短视频帐号变现方式

思政目标：

1. 培养学生具有良好的职业操守和职业道德
2. 培养学生具有高度的社会责任感及产品创新意识
3. 培养学生发现美、欣赏美的能力和高尚的的志趣情感

任务导入

随着时代的发展以及用户习惯的改变，短视频成为新媒体运营的主流平台。公司为了顺应时代的发展以及满足市场的需求，拟将短视频运营作为公司新媒体运营的重点方向。要求小王了解短视频运营相关知识，在各大短视频平台上注册公司的短视频帐号并发布相应内

容。对于这一新的挑战，小王能够顺利完成吗？

知识储备

5.1 短视频介绍

从2013年第一款短视频APP上线，到现在各大短视频APP层出不穷，在这7年的时间里，中国的短视频行业百花齐放、百家争鸣，造就了一大批传奇网红，同时也创造了无数机遇。如今，网民的上网习惯已悄然发生变化，根据《2020中国网络视听发展研究报告》发布的数据，截至2020年10月13日，网络视听用户规模突破9亿，新增用户主要来自中小城市，其中五线城市用户增长33.6%。这些用户里，观看短视频的用户占比15.2%，网上看影视剧、综艺的用户占比7.9%，看直播的占比0.7%，网上听书/网络电台的用户占比0.1%。短视频成了仅次于即时通信的第二大网络应用，短视频用户规模达8.18亿，近九成网民使用短视频。2020年6月，典型细分行业人均单日短视频使用时长为110分钟，上传短视频的主体是“00后”以及女性。因此，短视频已成为互联网各大巨头都在争夺的一块领域。

目前，市场上短视频平台层出不穷，作为新媒体运营人员，要能清晰分辨不同短视频平台的特点，从而和自己的运营目标相结合。只有选对短视频平台，后期的运营才能产生效果。本节主要介绍目前市场上主流的短视频平台。

1. 抖音

抖音短视频，是由今日头条孵化的一款音乐创意短视频社交软件，该软件于2016年9月20日上线，是一个面向全年龄的音乐短视频社区平台。用户可以通过这款软件选择歌曲，拍摄音乐短视频，形成自己的作品，系统会根据用户的爱好，来更新用户喜爱的视频。

2. 快手

快手是北京快手科技有限公司旗下的产品，诞生于2011年3月，最初是一款用来制作、分享GIF图片的手机应用。2012年11月，快手从纯粹的工具应用转型为短视频社区，用于用户记录和分享生产、生活的平台。

3. B站

B站即哔哩哔哩，现为中国年轻世代高度聚集的文化社区和视频平台，该网站于2009年6月26日创建，被粉丝们亲切地称为“B站”。B站早期是一个ACG（动画、漫画、游戏）内容创作与分享的视频网站。经过十年多的发展，围绕用户、创作者和内容，构建了一个源源不断产生优质内容的生态系统。

截至2020年第二季度，B站月均活跃用户达1.72亿，移动端月活用户达1.53亿，18至35岁用户占比达78%。

4. 微视

微视，是腾讯旗下短视频创作平台与分享社区，用户不仅可以在微视上浏览各种短视频，同时还可以通过创作短视频来分享自己的所见所闻。此外，微视还结合了微信和QQ等社交平台，用户可以将微视上的视频分享给好友和社交平台。

5. 视频号

视频号是腾讯公司于 2020 年 1 月推出的一个基于短视频内容和图片的分享平台，该平台入口位于微信“发现”页面朋友圈下方，依托于腾讯巨大的用户数量以及明显的入口，视频号有望成为下一个流量的入口。

6. 西瓜视频

西瓜视频是字节跳动旗下的个性化推荐视频平台，由今日头条孵化。西瓜视频通过人工智能帮助每个人发现自己喜欢的视频，并帮助视频创作者们轻松地向全世界分享自己的视频作品。

5.2　短视频运营团队的构成

短视频行业在国内已有 7 年的发展历程，从最初的单打独斗，到现在的团队化运作，整个行业变得越来越规范，岗位分工越来越明确。本节主要介绍短视频运营团队的构成及各岗位的分工。

短视频行业岗位的分工和传统电影行业的分工比较类似，主要包含导演、编剧/策划、演员、摄像师、运营人员和剪辑师。

1. 导演

导演是整个项目的总负责人，主要负责前期脚本的编写、指导拍摄和后期工作、把控短视频拍摄的质量、协调各岗位之间的工作等。其主要工作职责如下：

① 创意多、脑洞大，对短视频创作有热情并且热衷于拍摄制作各种有趣作品；

② 了解潮流文化、街头文化和网红文化，密切关注相关动态与 KOL，可独立策划制作短视频内容；

③ 熟练使用微博、微信、抖音、火山等新媒体产品，了解新媒体视频内容生产和运作机制；

④ 挖掘选题、策划内容、撰写 KOL 自媒体拍摄脚本和文案。

短视频导演需要具备良好的文字功底和丰富的创意能力，应变能力强，善于沟通，具有较大的脑洞，对网络热点事件要敏感，并且熟悉短视频的制作流程。

知识加油站

KOL，意为关键意见领袖，是 Key Opinion Leader 的简称，是营销学概念，也指在网络公共平台上有话语权的人，也就是通俗说的网红，社交平台的“大 V”。

2. 编剧/策划

短视频编剧主要负责视频内容的选题和策划、分镜脚本的撰写，其主要工作职责和所需素质如下：

① 了解热门短视频内容，网感超强，脑洞爆炸，思维活跃，想象力丰富；

② 负责公司短视频的选题策划、脚本撰写，懂拍摄，可原创与二次创作；

③ 根据脚本设计分镜头、拍摄手法及前期拍摄准备等；

④ 了解抖音短视频平台，熟悉短视频玩法与规则；

⑤ 有良好文字功底和表达能力，擅长泛娱乐段子。

短视频编导需要具有较大的脑洞，掌握多种脚本文案风格，拥有良好的文字功底和缜密的逻辑思维，并且了解基本的短视频拍摄。

3. 演员

短视频演员主要负责出境短视频拍摄，根据短视频脚本进行表演，同时配合导演和摄像师拍摄，达到作品要求的效果。其主要工作职责如下：

① 负责出镜短视频拍摄；

② 快速理解拍摄脚本内容，并能对拍摄脚本提出一些建议；

③ 积极配合编导进行视频拍摄，主动与编导保持密切沟通；

④ 协助团队内部视频的脚本策划和拍摄工作。

不同主题的短视频帐号对于演员的要求也不同，例如娱乐主题的帐号，会要求演员具有一定的才艺；美食主题的帐号，要求演员能够熟练制作多道菜肴。

4. 摄像师

短视频摄像师主要负责短视频内容的拍摄，在实际拍摄过程中需要根据镜头要求对场景进行布置、调色、校色，同时还要运用专业的摄影技巧和拍摄手法体现出每一个镜头需要达到的效果。其主要工作职责如下：

① 负责公司旗下平台短视频内容、公司宣传片、公司广告创意的拍摄；

② 根据编导剧本运用专业的摄影技巧以及手法完成视频的拍摄；

③ 参与视频项目的头脑风暴，产出独具特色的视频创意，并在前期策划中把控拍摄成本及拍摄进度；

④ 根据视频需求，搭建拍摄场景、购置道具，确保视频产出的质量和效率；

⑤ 负责公司影视器材的运输、维护和保养；

⑥ 跟进后期制作的过程，协调与沟通视频制作的环节，保证成片的风格。

根据公司的规模和实际需求，有的公司会要求摄像师能够对拍出的视频进行后期的制作，包括后期剪辑、添加字幕和音效、画面处理与合成、样品输出等操作。

5. 运营人员

短视频运营人员主要负责短视频帐号和内容的推广，具体包括帐号定位、粉丝互动、帐号数据统计及分析等，其主要工作职责如下：

① 负责公司抖音、快手等短视频平台日常运营，包括帐号定位、数据运营、用户运营；

② 协助编剧打造爆款短视频，促进评论转发等；

③ 实时了解短视频风向，善于捕捉当下热门视频、热点事件、结合品牌特性，进行创意策划；

④ 负责后期产品及项目在公司旗下短视频帐号的曝光；

⑤ 分析帐号后台数据，及时调整短视频方向，优化内容质量，提高用户转化率。

短视频运营人员需要对帐号内容、目标用户的喜好、行为和习惯比较了解，才能更好地对帐号进行推广。因此，短视频运营人员需要时刻保持对目标用户需求的敏感度，通过用户的反馈和数据，不断调整帐号的推广方式。

6. 剪辑师

短视频剪辑师主要负责视频后期的处理，主要包括视频剪辑、添加视频字幕、音效和转场、对视频进行美化等，其主要工作职责如下：

① 负责视频制作所需素材的搜集、转码、合成；

② 根据公司产品或日常创意需求对视频进行剪辑、调色等后期处理；

③ 能独立完成视频的主线、镜头衔接、节奏感、BGM 等方面的处理。

不同规模的公司对于剪辑师的要求会有所不同，如果公司规模较小或项目在刚起步的阶段，那么一般会要求剪辑师除了能完成视频剪辑和后期处理外，还要能够独立完成视频的拍摄。因此，作为剪辑师最好能够对视频拍摄和视频制作流程有一定的了解。

5.3　短视频帐号运营流程

一个短视频帐号从最初的创立到展现在受众面前，需要经历很多环节，每一个环节会对帐号最终的运营结果产生影响。清楚知晓帐号运营流程，把控好每一个环节，从而提升帐号的曝光量、访问量和关注量，是每一个短视频从业者必须掌握的技能。本节主要介绍短视频帐号的运营流程，以及在实际运营过程中需要注意的事项。

1. 帐号定位

帐号定位是运营帐号的开始，也是非常关键的一步，只有找准帐号的定位，才能确定帐号的目标用户以及后续的运营操作。这里以抖音平台为例，分析如何确定短视频帐号的定位。

帐号定位实际就是寻找目标受众的过程，一般需要解决以下三个问题：

① 我是谁？

② 我能提供什么？

③ 我与别人有什么区别？

短视频平台是一个持续靠内容输出来吸引粉丝关注的媒介，因此在帐号前期定位时，首要需要解决的就是帐号的内容。一般可以根据兴趣爱好或者擅长的内容来确定帐号的主题，例如比较擅长简笔画，可以确定帐号的主题为简笔画，具体内容为教授简笔画的过程，如图 5－1 所示。

图 5－1　主题为简笔画的抖音帐号

在确定帐号内容时，需要考虑输出的内容对用户产生的价值、内容覆盖的用户范围、内容能否持续输出等问题，要分析出用户对内容的痛点，围绕痛点创作内容，只有这样，创作出来的内容才是用户需要的，才能获得用户的共鸣。

例如主题为健身的帐号，可以为用户提供的内容包括减脂餐、减脂动作、减脂课程等，而其中减脂餐由于内容无法长期持续输出，所以无法作为帐号的主题。通过分析得出，想关注健身主题帐号的用户的主要需求是希望能够在家进行练习，从而达到减脂塑形的目的。在家练习受环境和时间的制约，因此，可以最终确定帐号内容为用时较短且能够减脂和塑形的健身动作。

确定了帐号内容也就解决了“我能提供什么”的问题，同时也确定了帐号的目标受众。根据帐号内容主题和目标受众的属性，从而可以确定帐号的名称、头像、简介等内容。

在给帐号起名时，建议名字尽量简短且包含用户有可能会搜索的字词，因为除了系统将你的帐号推送到用户面前外，用户还可以主动搜索相关帐号，帐号名称中包含用户有可能会搜索的字词，可以提高帐号被搜索的概率。

帐号的头像要与帐号的主题和风格相符，可以使用相关软件设计头像，也可以使用公司 Logo 作为头像。由于头像区域较小，在设计或制作头像时，建议头像中不要包含过多的内容，尽量采用易于识别的符号或图形作为头像，也可以配以文字作为辅助和点缀。

帐号的简介要尽量的精简且符合帐号的调性，可以使用一些诙谐幽默的语言来编写帐号的简介，同时在简介中要告诉目标受众自己的帐号与别的同类型帐号有什么区别。

确定了帐号名称、头像和简介，也就相当于告诉了用户“我是谁”和“我与别人有什么区别”。通过以上操作就完成了帐号的定位，在实际运营过程中，还需要通过实际的操作来判断帐号的定位是否准确。

2. 短视频制作

确定好帐号的主题后，就需要围绕主题来创作相应的内容。目前抖音平台上帐号内容来源主要分为两类，一类是真人出镜拍摄，另一类是素材剪辑。

① 真人出镜拍摄。真人出镜拍摄属于原创视频创作，其创作流程主要分为确定主题、编写脚本、视频拍摄、视频剪辑、后期处理、样片发布几个步骤。

视频主题一般由导演确定，在确定视频主题时可以结合当下的热点，也可以参看知名的小说或文献。主题覆盖的面要广泛，不要过于小众，不然视频拍摄出来以后，无法获得大量的曝光。

视频主题确定好以后，编剧需要根据主题编写和确定分镜脚本。编剧在编写剧情时，需要注意要么剧情能与用户的情感产生共鸣，要么有矛盾点或槽点，不然太过于平淡无奇的剧情无法吸引用户的关注，更无法吸引用户进行分享，部分分镜脚本案例如表 5 - 1 所示。

表 5 -1　　分镜脚本案例举例

镜号	画面内容	景别	摄法技巧	时间	机位	歌词	音效	备注
1	城市夜景(以光谷为例)	远景		9s	固定机位，摇镜头	前奏		
2	男坐在床上。把头深深埋进了膝盖里，月光打在身上显得很落寞	特写	固定镜头	8s	侧前方	夜深了，我还为你不能睡		
3	床头柜上的闹钟指针显示现在凌晨四点多	全景	以闹钟做前景，男在镜头里虚化	7s	正前方	黎明前的心情 最深的灰	指针走动声	
4	男手上拿着一个不知所措的女孩的照片，看的深沉，笑的无奈	特写	从手部慢慢推到照片	8s	俯拍	左右为难的你 不知怎样去面对		
5	男慢慢抬起头侧过脸盯着床上到处散落的照片，一张一张都是一次次回忆	中景	男给中景然后慢慢拉到全景	7s	侧前方	我能做的 只剩沉默 体会		
6	男拿着相机在街上拍照	远景	固定镜头	8s	平拍	爱情是让人沉溺的海洋		
7	切到镜头5	全景	移镜头，从侧后方移到侧前方	8s	侧后方	孤单的时候 想要去逃亡		
8	切回到男拿着相机转身准备找其他的地方拍	全景	固定镜头	4s	男生侧后方	转身的一瞬间		
9	女戴着耳机拿着MP4安静的坐在椅子上，好像在哭，许是被感动了	远景	以第一视角平拍	4s	正面	你出现在我身旁		
10	女在哭	中景	俯拍	2s	侧面	你的眼泪		
11	男站在女生远处想要去安慰却不知如何开口	中景	移镜头	4s	正面	让我不敢开口讲		
12	女擦着眼泪从男身边走过	中景	固定镜头	4s	后方	我想大声告诉你		

视频脚本确定好后，演员按照剧情要求进行表演，摄像师利用专业拍摄手法和镜头语言呈现视频效果，拍摄时尽量保证原片质量较高，这样更利于后期的剪辑和处理。

当视频拍摄完成后，需要对视频进行剪辑和后期处理，主要包括废片处理、视频调色、添加片头、片尾、字幕、音效、转场、特效等。常用的视频剪辑和后期处理软件主要包括 Photoshop、Premiere、Audition、After Effects、剪映等。利用剪映剪辑视频的操作如图 5 -2 所示。

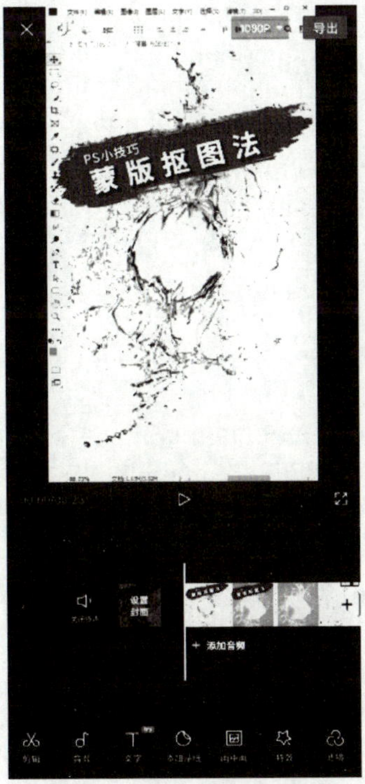

图 5 -2　利用剪映剪辑视频

最后，将剪辑好的视频发布到相应的平台即可。对视频进行剪辑主要是为了提升视频的表达能力和用户体验，而不是为了炫技，所以剪辑视频时不要给视频添加过多的特效。

② 素材剪辑。素材剪辑是另外一种视频创作方式，适用于没有拍摄能力或无法进行拍摄的情况。该方式主要是从网上下载好电影或电视剧素材，提取出不同片段的精彩镜头，然后将所有镜头剪辑成一个视频。

通过这种方式创作的视频一定不要只是简单的对原片进行剪辑处理，不然很容易被平台判定为抄袭。

3. 短视频发布

一条视频想要获得大量的曝光，除了内容本身，剩下就是发布的时机和技巧了。可以将制作好的视频内容合理分布在用户每天使用的热门时段，记录每条视频的播放量、点赞量和评论量，从而确定视频发布的时间。对于大多数视频来说，早上 7～9 点，晚上 8～10 点是比较适合发布内容的时段。

如果视频是原创视频，由于其制作成本较高、周期较长，一般建议每周更新 2 条左右。如果是通过素材剪辑的方式创作的视频，建议两天更新 1 条内容。不管每周发布多少条内容，帐号更新内容的时间和频率一定要固定，例如可以规定每周六上午 10 点更新视频，或者是每晚 8 点更新视频，这样能够培养用户的使用习惯，到了相应的时间点，用户就会去帐号查看内容。

在发布视频内容时还可以带上适当的话题标签，如图 5－3 所示，在视频发布界面“添加话题”一栏，系统罗列了很多话题可供选择，每个话题后方还显示了该话题的播放次数。

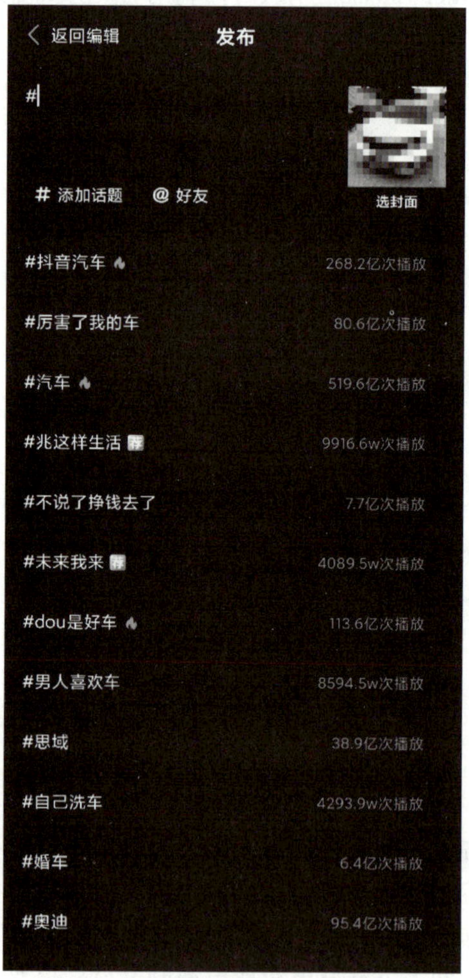

图 5－3　选择话题标签

添加了话题标签的视频能够获得更高的播放量，并且能够被系统推荐到相关用户面前。

在帐号发布视频的初期，一定要注意视频的相关数据。一条视频能否被官方推荐或获得大量的曝光，主要受视频完播率、视频点赞量、视频转发量、视频评论量等因素的影响。因此，前期创作的视频时长不要过长，一般建议在 1 分钟以内，这样能够适当提高视频的完播率。同时视频内容需要和用户情感、经历、感受等产生共鸣，这样用户才会为视频点赞、评论或者转发。当收到用户的评论时，要及时回复用户的评论，回复时根据用户评论的语境和语气，使用适当的话语进行回复。

4. 短视频推广

视频想要获得大量的曝光，除了靠视频内容本身，适当的外力助推也是必不可少的。可以将制作好的视频发送到其他平台，例如快手、好看视频、腾讯视频、爱奇艺视频等平台。图 5 – 4 所示为某抖音帐号将视频内容发布到好看视频进行推广。

图 5 – 4　某抖音帐号利用第三方平台进行推广

除了免费的推广方式，也可以利用付费的方式对视频进行曝光。DOU + 是抖音官方的付费推广渠道，利用 DOU + 可以提升视频的播放量与互动量，提升内容的曝光效果。图 5 – 5 所示为某抖音号利用 DOU + 推广的数据。

图 5 – 5　某抖音号利用 DOU + 推广的数据

5. 粉丝互动

粉丝互动是运营帐号时一个非常重要的环节，通过和粉丝的互动，不仅能够更准确地了解粉丝的需求，还能通过和粉丝的互动，提高帐号的活跃度，从而获得更大的曝光量。

目前和粉丝互动的方式主要分为 3 种，即话题互动、评论互动和活动互动。

（1）话题互动。话题互动即在创作视频时选取一个有争议性或话题性的内容作为视频的主题，例如高空抛物、不吃晚餐可以减肥、相亲等话题，这类话题都是发生在用户身边的事情，不同的用户对于话题的看法不同，大家利用评论各抒己见，就能形成话题互动。

（2）评论互动。评论互动即通过回复评论的方式与用户互动，用户之所以愿意发表评论，说明用户对于视频内容有属于自己的感受，有想法想要表达，作为帐号运营者，最好能够第一时间对用户的评论进行回复，回复得越及时，用户会觉得帐号运营方对其越重视。

除此之外，还可以通过评论置顶的方式，将高质量的评论置顶到第一位，从而让更多的用户参与到话题讨论中来。

通过评论收集用户的反馈和问题也是一个不错的选择，例如主题为教育的帐号，用户一般会在评论中提出自己在学习过程中遇到的问题，帐号运营者可以将这些问题收集起来，然后利用下一期视频集中进行回复。

（3）活动互动。通过发起活动的方式与用户互动，不仅能够提升互动的趣味性，同时能够激发用户参与的热情。在发布短视频内容时，选定一个互动的主题，如图 5－6 所示。

图 5－6　抖音互动话题

然后设置相应的挑战标准和奖励，粉丝根据挑战标准拍摄完视频后，帐号运营者可以去粉丝主页查看相应视频，从中选择优胜者或者获奖者进行奖励。

此外，还可以开展创意征集活动，帐号运营者首先发布一条有创意的短视频，粉丝根据视频里的创意，发挥自己的想象和创造力，拍出更有创意的视频。帐号运营者从众多创意视频里挑选出最有创意的视频进行奖励。

6. 数据分析

运营短视频帐号是一个不断调整和优化的过程，帐号运营策略的每一次调整都要依赖数据，因此定期对帐号运营数据进行统计和分析，是一个短视频运营人员必备的技能。

可以通过第三方工具查看帐号相关数据，如图 5－7 所示为某抖音号视频相关数据，从数据中可以看出视频具有一定的播放量，但是视频的点赞数、评论数、转发数和分享数较低，说明视频内容没有获得用户的认可。

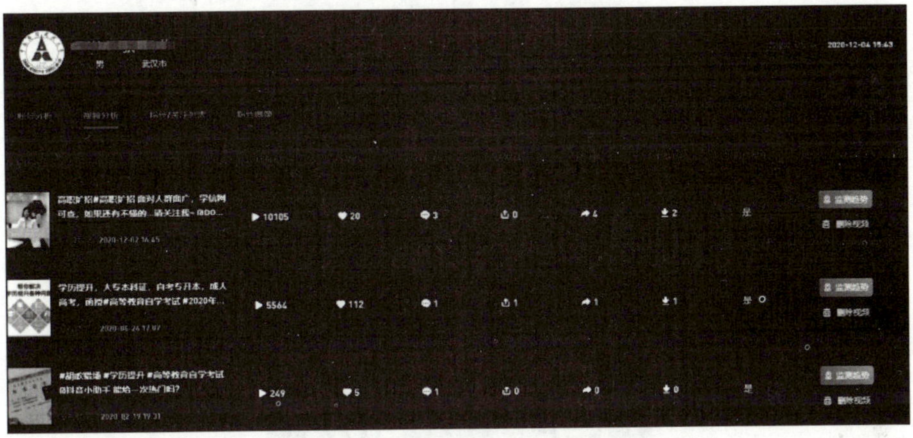

图 5－7　某抖音号视频数据

除了可以查看自己帐号的数据，还可以查看热门视频的数据，如图 5－8 所示。通过分析热门视频的创作题材、点赞数、评论数等，得出其获得用户认可的原因，并调整自己视频内容的创作方式。

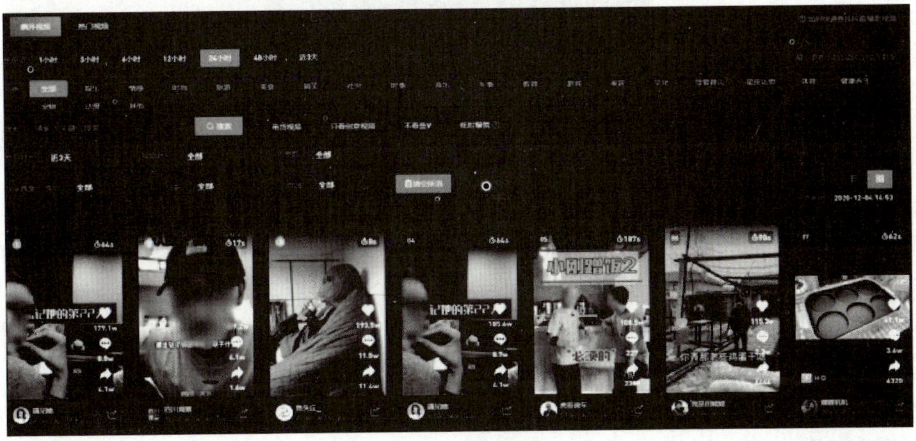

图 5－8　热门视频数据

5.4 短视频帐号变现方式

当帐号积累到一定粉丝数量后，就需要考虑帐号流量变现的问题。目前短视频帐号变现主要有增值服务、接广告、直播带货、直播打赏和代运营几种方式。

1. 增值服务

增值服务即通过免费内容吸引用户的关注，后期通过 VIP 付费的方式进行变现，该种方式常见于培训行业。如图 5－9 所示，为某培训抖音帐号内容，通过日常发布相关知识点讲解和操作视频，获取想要学习 Photoshop 软件操作用户的关注，后期通过售卖课程、教材等方式进行变现。

图 5－9　某培训抖音帐号内容

2. 接广告

广告植入是短视频帐号常见的变现方式之一，每个帐号通过特定的主题吸引精准的粉丝，广告主选择与推广内容属性相符的帐号投放广告，可以实现将广告内容曝光在目标用户面前的需求。例如某搞笑主题帐号，通过情景短剧的形式在视频内容中植入了某购物 APP“双十二”的活动，如图 5－10 所示。

广告植入除了剧情植入外，还有台词植入、场景植入、道具植入、奖品植入等形式，不同类型的短视频帐号可以根据帐号内容的形式以及推广内容，来确定广告植入的方式。

图 5－10　某短视频帐号广告植入内容

3. 直播带货

直播带货是时下比较流行的一种推广方式，通过视频直播的形式将商品展现在用户面前，用户通过视频可以直观地了解商品的功能和属性，同时还能查看商品使用时的效果，如图 5－11 所示。

图 5－11　某帐号直播间

相较于传统的电商购物形式，直播带货形式门槛更低，无论是企业还是个人都可以开通直播带货的权限。直播时只要内容有吸引力，无需过多的推广，就会有观众进入直播间，流量获取成本也较低。

4. 直播打赏

打赏是最基础的变现方式之一，主要是通过用户充值虚拟币，然后主播获得打赏礼物来变现。目前，抖音主播提现是按照 10∶1 的比例兑换人民币，再与平台 5∶5 平分，即 100 万的音浪兑换平分后主播可以获得 5 万元人民币。

5. 代运营

短视频代运营是短视频浪潮下催生出的一条产业，通过负责短视频帐号的全部运营内容或部分运营内容进行变现。目前，市场上常见的代运营方式分为基础代运营和深度代运营两种，基础代运营主要提供帐号市场分析、人群定位、视频剪辑、帐号推广等内容，深度代运营主要提供产品拍摄、市场分析、人群分析、脚本编写、视频拍摄、后期剪辑、帐号推广、粉丝维护等内容。

实战演练

一、单项选择题

1. 下列关于 KOL 的解释中，正确的是（　　）。

A. 新手小白　B. 网络大咖　C. 网络红人　D. 意见领袖

2. 下列各项中，剪辑师的主要工作职责是（　　）。

A. 负责视频脚本编写　B. 负责视频内容拍摄

C. 负责视频内容剪辑　D. 负责帐号整体运营

3. 一般情况下，短视频脚本由（　　）职位负责创作。

A. 摄像师　B. 编剧　C. 剪辑师　D. 运营人员

4. 下列关于 BGM 的解释中，正确的是（　　）。

A. 背景音效　B. 背景音乐　C. 特效音乐　D. 特效音效

5. 下列各项中，受用户欢迎的短视频内容通常具备的特征有（　　）。

A. 符合用户需求　B. 视频效果炫酷　C. 背景音乐好听　D. 视频时长较短

二、多项选择题

1. 下列各项中，主流的短视频平台有（　　）。

A. 抖音　B. 快手　C. B 站　D. 微视

2. 下列各项中，给短视频帐号起名时需要注意的事项有（　　）。

A. 帐号名称尽量简短　B. 帐号名称便于记忆

C. 帐号名称与内容主题相关　D. 帐号名称包含用户搜索的关键词

3. 下列各项中，制作短视频帐号头像时需要注意的事项有（　　）。

A. 帐号头像要与帐号主题相符　B. 帐号头像中不要包含过多内容

C. 帐号头像尽量炫酷　D. 帐号头像要易于识别

4. 下列各项中，帐号描述的作用有（　　）。

A. 告诉用户帐号提供的内容　　B. 对外进行广告宣传

C. 没有什么实质的作用　　D. 告诉用户帐号的特点或特色

5. 下列各项中，常用的后期处理软件有（　　）。

A. Photoshop　　B. Premiere　　C. Audition　　D. After Effects

三、判断题

1. 运营短视频帐号时，可以通过接广告的方式进行变现。（　　）
2. 一条短视频内容在晚上 11：00～12：00 发布比较合适。（　　）
3. 运营短视频帐号时，定期策划活动能够提高帐号粉丝的活跃度。（　　）
4. DOU + 是抖音官方的免费推广渠道。（　　）
5. 运营短视频帐号时，需要定期对帐号数据进行统计和分析。（　　）

四、问答题

1. 请写出短视频运营团队通常应包含的职位名称。

2. 请写出短视频运营岗位的基本工作职责。

3. 请写出短视频帐号运营的工作流程。